Auch Männer beginnen, über sich selbst, über Beziehungen und damit über Trennungen nachzudenken.
Die Hauptthese des Buches ist, daß der Mann der Frau eine Falle stellt. Falle bedeutet in diesem Kontext, daß der Mann sich anstrengt, sich verstellt und wichtig macht, um der Frau zu imponieren und sie zu gewinnen – aber sein wahres Gesicht versteckt. Diese Verlogenheit – schon beim Kennenlernen – ist der Grundstein für die Entfremdung, die später oft zu Problemen führt.
Die Autoren entlarven diese Strukturen und entwickeln Strategien, die Offenheit zwischen Mann und Frau ermöglichen und schmerzhafte und unnötige Trennungen vermeiden helfen.
Der zweite Zugriff auf das Thema ist praktisch. ›Der verlassene Mann‹ erkennt und lernt anhand von Beispielen, wie er mit einer Trennung und ihren Folgen sinnvoll umgehen kann. Wie er hoffentlich vermeidet, daß ihm das gleiche noch einmal passiert, und wie er einen Weg zu einer glücklichen Beziehung finden kann.

Dr. Stephan Lermer hat eine Praxis für Psychotherapie, Management-Training und Coaching in München. Außerdem ist er Autor mehrerer Sachbücher und moderiert eine eigene Ratgebersendung bei ›Antenne Bayern‹. Zur Vertiefung seiner Ideen bietet Stephan Lermer Seminare im gesamten deutschsprachigen Raum an.
Dr. Hans Christian Meiser studierte Philosophie, anthropologische Psychologie, Sozialethik und Kunstinterpretation an der Hochschule für Philosophie in München. Er arbeitet als Schriftsteller, Übersetzer und Herausgeber und lebt in München.
Von beiden Autoren erschienen »Lebensabschnittspartner. Die neue Form der Zweisamkeit« (Fischer Taschenbuch Verlag, Band 11931) sowie »Gemeinsam bin ich besser. Win-Win-Strategien für Partnerschaft und Beruf« (Wolfgang Krüger Verlag).

Stephan Lermer
Hans Christian Meiser

Der verlassene Mann

Sind Frauen
das stärkere Geschlecht?

Fischer Taschenbuch Verlag

Veröffentlicht im Fischer Taschenbuch Verlag GmbH,
Frankfurt am Main, Juli 1995

Deutschsprachige Erstpublikation 1993
im Wolfgang Krüger Verlag, Frankfurt am Main

Druck und Bindung: Clausen & Bosse, Leck
Printed in Germany
ISBN 3-596-12756-4

Gedruckt auf chlor- und säurefreiem Papier

Inhalt

Und aus dem Sofa flüstert das Gestern …
Lilo Rinkens

Denn ich bin einsam gewesen und kenne die namenlose Verringerung, nächtlich wie aus Wundleinen sich aufzurichten aus Träumen, geknüpft mit allen Schlaufen der Seele an die Gesichter der Toten, und spürbar zu wissen, wie es ist, nicht mehr zu sein.
Botho Strauß

Das institutionelle Zusammenleben von
Mann und Frau ist eine Falle.
Ornella Muti

Einführung

Die Autoren dieses Buches sind Männer. Männer, die – wie andere ihrer Geschlechtsgenossen – auch von Frauen verlassen wurden. Trennungserfahrungen sind Provokationen zum Wachwerden, aber auch Daseinserfahrungen: In ihnen wird uns der Wert des Lebens und der Liebe offenbar. Deshalb sind verlassene Männer stets *mehr* als nur von Frauen Verlassene. Von der Frau verlassen worden zu sein, fördert ein grundsätzliches Verlassensein zutage: Der Mann ist auch (konkret) von den »Müttern« und dem Vater verlassen und gleichzeitig (abstrakt) vom Helden-Ideal, von der Entscheidungsmacht, von den Vorbildern und der Autorität – im übergeordneten Sinn sogar von Weltschöpfungs-Illusionen und Allmachts-Phantasien. Alle diese Faktoren führen den Mann zu der schmerzlichen, aber realistischen Erkenntnis, daß die Befriedigung der Sehnsucht nach Halt eine Illusion ist. Durch den Zusammenbruch der Fiktion, die Verantwortung für sein Leben läge bei einem anderen Menschen – also außerhalb seiner selbst –, wird er sich der eigenen Kraft und des eigenen Mutes bewußt. Aus dem anfänglichen Zwangsgefühl, selbst die Entscheidung fällen zu *müssen*, entwickelt sich mit zunehmender Reife eine Lust an den Möglichkeiten, sein Leben selbst gestalten zu *können*.

Verlassenwerden zwingt zum Denken und Umdenken – ob man(n) will oder nicht. Erst aber, wenn sich hoffnungsvolles neues Denken in couragiertes neues Leben verwandelt hat, wird es dem Mann gelingen, ganzheitlich zu wachsen, d. h. zu der vollständigen Version von »Mann« heranzureifen, die die Natur für ihn vorgesehen hat.

Zunächst wird der gesamte Kontext des Buches in 39 Stichpunkten, die zugleich Thesen darstellen, geschildert. Es handelt sich dabei um ein Psychogramm des »Liebes-Musters«, das bewußt den »Alten Mann«, den »Übergangsmann« und den »Neuen Mann« zu Wort kommen läßt. Überliefertes und Zukunftsvisionen sind hier untrennbar miteinander verbunden, da erst die Erfahrung des Negativen die dem Menschen innewohnende Positivität freizusetzen und somit eine Veränderung herbeizuführen vermag, die für *beide* Geschlechter von Vorteil sein kann. Die Angst vor dieser Veränderung abzubauen und in Mut zu einer offenen Begegnung mit der Frau umzuwandeln, bleibt die große Aufgabe, die der Mann im Zuge seiner Emanzipation zu verwirklichen hat.

Das Psychogramm von Finden und Trennen sieht aus vergangener, gegenwärtiger und zukünftiger Perspektive demnach folgendermaßen aus (siehe dazu die Tabellen auf S. 13–15):

Die allgemeinen Voraussetzungen, weshalb der Mann von der Frau verlassen wird, sind in den drei ersten Kapiteln geschildert, die konkreten im Kapitel vier. Das Coaching-Seminar, das im fünften Abschnitt veranstaltet wird, trägt dem vorangegangenem Psycho-

1. Warum wird der Mann verlassen?

1.1. Der Mann stellt der Frau eine Falle.
1.2. Die Frau tappt scheinbar hinein.
1.3. Der Mann denkt, die Frau säße in der Falle.
1.4. Die Frau gibt vor, sich in der Falle wohl zu fühlen.
1.5. Der Mann hat das Fallenstellen verinnerlicht.
1.6. Die Frau fühlt sich in der Falle nicht mehr genügend geliebt und erkennt ihn als *verlogenen* Mann.
1.7. Der Mann merkt nicht, daß er durchschaut ist.
1.8. Die Frau entfernt sich vom Mann.
1.9. Der Mann wird zum *verlorenen* Mann.
1.10. Die Frau gibt dem verlorenen Mann keine Chance mehr.
1.11. Der Mann sucht seine verlorenen Chancen wiederzugewinnen.
1.12. Die Frau verläßt den Mann.
1.13. Der Mann sitzt in seiner eigenen Falle.

gramm, in dem Mechanismen verarbeitet sind, die aus empirischen Beobachtungen gezogen wurden, Rechnung.
Der verlassene Mann wird jedoch nicht nur aus psychologischer Sicht beleuchtet, sondern auch aus philosophisch-soziologischer. Nur ein Ineinandergreifen beider Blickwinkel kann demjenigen Orientierung und Einsichten anbieten, der selbst betroffen war, ist oder sein wird. Denn der Schmerz des verlassenen Mannes

2. Wie geht der Mann mit seinem Verlassensein um?

2.1. Der Mann lehnt es ab, an sein Verlassensein zu glauben.
2.2. Der Mann fühlt sich trotzdem verlassen.
2.3. Der Mann leidet.
2.4. Der Mann sucht einen Ausweg aus dem Leid.
2.5. Der Mann versucht die Frau wiederzugewinnen.
2.6. Der Mann begreift allmählich, daß er mit seinen Bemühungen keinen Erfolg haben wird.
2.7. Der Mann sucht seinen Leidensdruck anderweitig abzubauen.
2.8. Der Mann hofft dennoch weiterhin.
2.9. Der Mann beginnt sich an die Hoffnung zu gewöhnen.
2.10. Der Mann ritualisiert die Hoffnung.
2.11. Der Mann beginnt über seine Chancenlosigkeit nachzudenken.
2.12. Der Mann wird sich seiner Chancenlosigkeit bewußt, ohne die Gründe dafür zu begreifen.
2.13. Der Mann läuft Gefahr, bei der nächsten Begegnung mit einer Frau denselben Mechanismen zu erliegen.

ist lediglich *ein* Ausdruck für einen Schmerz, der weit tiefer geht, der in die Vergangenheit zurückreicht und individuell wie kollektiv auftritt. Um diesen Schmerz verstehen zu lernen und ihn für das Leben fruchtbar

3. Was macht der Mann, damit er in Zukunft nicht mehr verlassen wird, und wie reagiert die Frau?

3.1. Der Mann stellt der Frau keine Falle mehr.
3.2. Die Frau stellt dem Mann keine Falle mehr.
3.3. Der Mann muß nicht mehr lügen.
3.4. Die Frau entfernt sich nicht mehr vom Mann.
3.5. Der Mann fühlt sich nicht mehr verloren.
3.6. Die Frau liebt den Mann ganzheitlich.
3.7. Der Mann liebt die Frau ganzheitlich.
3.8. Die Frau will sich mit dem Mann weiterentwickeln.
3.9. Der Mann will sich mit der Frau weiterentwickeln.
3.10. Der Mann verliert seine Chancenlosigkeit.
3.11. Die Frau fördert die eigenständige Identität des Mannes.
3.12. Der Mann ist Mensch geworden.
3.13. Die Frau verläßt den Mann nicht mehr.

werden zu lassen, wurden diese Gedanken niedergeschrieben. Sie wurden gleichzeitig in dem Bewußtsein verfaßt, daß Mann und Frau sich in einem neuen Licht begegnen sollten, wenn sie endlich die älteste aller Problematiken überwinden wollen: den Kampf der Geschlechter.

Die Welt des Mannes

Wie die Erde durch die »Falle« vermännlicht wurde

»Am Anfang war die Frau. Sie gebar das Universum, die Erde, die Tiere, den Mann.« In dieser Überlegung sind symbolhaft die matriarchalischen Urvorstellungen zusammengefaßt, wie sie z. B. vom Stamm der Kabylen in Nordafrika, der von der »ersten Mutter der Welt« spricht, oder den Anyuaa, einer Volksgruppe Äthiopiens (»Eine Frau fing im Strom einen großen Fisch, der sich zuerst in eine Schlange, dann in ein Krokodil und schließlich in einen Mann verwandelte«), mitgeteilt werden. Das weibliche Prinzip (bei den Inuit-Eskimos »Sedna« – »Jene, die vorher ist«), seit jeher transkulturell als Schöpfungsprinzip aufgefaßt, wurde in Überlieferungen der verschiedensten Art als Urprinzip des Sich-Verschenkens, des Gebärens, des absichtslosen Gebens und als Urprinzip allen organischen Lebens dargestellt. Die Trennung von Frau und Mann, wie wir sie heute als falsch verstandene (weil als *grundsätzlich* vorhanden geglaubte) Polarität von Weiblich und Männlich begreifen, gab es in Vorzeiten nicht – vor allem nicht in ihrer heute beinahe kriegerischen Gebärde.

Es ist nicht die Aufgabe des vorliegenden Buches, den

Entwicklungen sozialer und psychischer, also äußerlicher und innerlicher Strukturen in der Frühgeschichte der Menschheit nachzuspüren. Es entspricht auch nicht der Absicht dieser Arbeit, nachzuweisen und aufzuzeigen, weshalb aus der Welt des Weiblichen schließlich die Welt des Mannes, die heute wieder im Schwinden begriffen ist, entstand. Allein die Tatsache, daß diese Entwicklung vor sich ging, soll als Phänomen die Basis zum Thema des »Verlassenen Mannes« bilden. Dennoch werden gelegentlich historische Veränderungen des Frau-Mann-Gefüges anklingen, um den Status quo der heutigen Geschlechterbeziehung deutlich zu machen.

Die Grundthese dieses Buches lautet, daß *der Mann der Frau eine Falle stellt.* Was ist damit gemeint? Ein Vergleich kann eine erste Antwort darauf geben: Wenn bundesdeutsche Fußballprofis nach Italien abwandern, so unternehmen sie diesen Schritt, weil das finanzielle Angebot verlockend, die Aussicht auf eine internationale Karriere und ein späteres sorgenfreies Leben erstrebenswert scheinen. Ob die soziale Einbindung im Gastland eine passende ist, ob das seelische Gleichgewicht am fremden Ort nicht ins Wanken gerät oder ob das Familienleben sich jenseits der Heimat optimal entfalten kann, interessiert im Moment der Entscheidung höchstens peripher. Es gibt immer noch Frauen, die diesem Prinzip folgen. Sie wählen das gegenwärtig jeweils beste Angebot. Weshalb sollten sie sich auch mit Habenichtsen, die zwar begnadete Liebhaber sein mögen, längerfristig einlassen, wenn sich die Chance auf ein Wochenendhaus in den Bergen, ein Segelboot und ein rundum gesichertes Dasein auftut? Wem der Zusammenhang von Geld und Liebe nicht einleuchtet, der wird sein Ziel meist nicht erreichen, da er sich gegen das gesellschaftliche Arrangement von Frau und Mann stellt, das trotz aller Emanzipation noch immer lautet: Der Mann kauft (die Frau), die Frau verkauft (sich). Das in der westlichen Welt geläufige Bild der unabhängigen, selbstbewußten, berufstätigen Frau, die im Mann *keinen* Versorger sucht, sondern andere, vielschichtigere Qualitäten, scheint dieser Behauptung zu widersprechen. Dem ist jedoch entgegenzuhalten, daß

1. die oben geschilderte Frau nur einem minimalen Prozentsatz der weiblichen Bevölkerung entspricht (noch!);

2. die Rede vom »kaufen« und vom »besseren Angebot« (die sich nicht nur auf das Materielle erstrecken muß, sondern auch auf Ansehen, gesellschaftliche Beziehungen etc. gemünzt ist) in den meisten Fällen ihre Richtigkeit hat, da jedes andere Verhalten einen Idealismus voraussetzt, der selten ist; und

3. ebenso der umgekehrte Fall gilt: Auch Frauen »kaufen« Männer. Unter »kaufen« ist generell nicht unbedingt nur eine finanzpolitische Entscheidung zu verstehen, sondern auch jede Verhaltensweise, mit der sich eine Person – über das rein Erotische hinausgehend interessant machen will bzw. Interessantes sucht (»Was bringt mich weiter?«). Nebenbemerkung: Das Wort »heiraten« kommt von »heuren«, was »mieten«, »kaufen« bedeutet!

Zunächst aber ist es der Mann, der der Frau die Falle stellt. In seiner Unehrlichkeit betrügt er die Frau *und* sich selbst, deshalb trifft es ihn doppelt hart, wenn er von der Frau verlassen wird. Es ist offenbar ein Relikt aus animalischer Zeit, dessen sich der Mann bei seinem Vorgehen bedient: Der stärkste Bulle bekommt die beste Kuh. Der moderne Mann ersetzt Kraft und Gewalt durch Kalkül, er stellt eine Belohnung in Aussicht, wenn frau ihm zu willen ist. Das System ist so raffiniert ausgeklügelt, daß es schon besonderer weiblicher Willensstärke bedarf, um es schachmatt zu setzen, vor allem weil die materielle Sicherheit und das gesellschaftliche Ansehen, mit denen der Mann die Frau lockt, immer noch erstrebenswerte Größen darstellen. Verständlicherweise: Denn je unsicherer die Welt wird, um so mehr steigt das Bedürfnis nach einem sicheren Ort, an dem man von Umweltzerstörung und Overkill verschont wird. Die hier verborgene Paradoxie ist erstaunlich: Denn es sind hauptsächlich die Männer, die die Welt zu einem ungastlichen Planeten werden ließen und lassen. Ebendiese Männer aber, die im Begriff sind, die Erde zu zerstören, bieten den Frauen vermeintliche Sicherheit vor der Zerstörung an, die diese dankbar und hingebungsvoll annehmen. Der Mann tritt zuerst als Zerstörer und dann als Retter auf. Und darin liegt die Falle, die er der Frau stellt. Ein Blick in die Historie des Menschen zeigt, weshalb es überhaupt dazu kommen konnte:

In seinem Werk »Der Ursprung der Familie« schreibt *Friedrich Engels*: »Der Umsturz des Mutterrechts war die weltgeschichtliche Niederlage des weiblichen Geschlechts.« An diesem Punkt der Weltzeit setzt also jene Herrschaft des Mannes ein, die sich bis zum heutigen Tage als Weltherrschaft des Männlichen über das Weibliche ausgedehnt hat: Das Patriarchat ist geboren. Die klassen- und staatenlose Gemeinschaft der

Urzeit ist unwiederbringlich dahin. Es ist nicht vollständig geklärt, weshalb sich dieser die kommenden Tragödien der Menschheit heraufbeschwörende »Quantensprung« vollzog, die Haupttäter jedoch konnten ausfindig gemacht werden: In letzter Konsequenz waren es – zumindest für den Mittelmeerraum, das aber um so nachhaltiger – nach der arischen Invasion die frühen Griechen, deren spätere Ideen vom Staat und von der Philosophie, die das Wissen und die Weisheit, aber nicht das Leben liebt, die klassenlose Sippengesellschaft der Mütter sowie die Hirten- und Nomadengesellschaft auflöste. Die *Ursprünge* des Patriarchats liegen aber viel weiter zurück. *Ernest Borneman* führt dazu an: »Der Durchbruch vom Hackbau zur Pflugkultur, der in der Mittleren Neusteinzeit stattfand, erzeugte nicht nur einen ökonomischen, sondern auch einen sozialen und sexuellen Umschwung. Da er das Werk von Männern war, markiert er in vielen Regionen die ersten Anfänge des Patriarchats. Und da der Pflug nicht nur effizienter war als die Hacke, sondern auch durch seine Zugtiere die Entdeckung der animalischen Felddüngung mit sich brachte, überzeugte er auch viele Frauen von der vermeintlichen Überlegenheit des Mannes... Die Machtergreifung der Pflugbauern – von manchen Vorgeschichtsforschern als ›Urputsch‹ bezeichnet, von anderen ›neolithische Revolution‹ genannt – benutzte also die Hebelwirkung eines gewaltigen ökonomischen Fortschritts, um neue soziale und sexuelle Rechte anzumelden. Nur deshalb fand sie auch bei den Müttern, Schwestern, Ehefrauen und Töchtern der Pflugbauern Anklang. Die ersten Patriarchen müssen damals zu ihren Frauen gesagt haben: ›Von jetzt an, meine Lieben, braucht ihr nicht mehr auf dem Feld zu arbeiten. Wir Männer nehmen euch die ganze Last der Arbeit ab. Ihr braucht euch nur noch um den Haushalt und die Kinder zu kümmern. Wir ernähren und beschützen euch. Allerdings müßt ihr uns von jetzt ab treu sein, denn nur dann sind wir sicher, daß eure Kinder unsere Kinder sind. Das muß so sein, damit das Familieneigentum, für das wir Männer uns jetzt so abrackern, auch tatsächlich an unsere Kinder und nicht an die Bastarde anderer Männer vererbt wird.‹«[1]

Den hier geschilderten Vorgang könnte man nicht nur als »Urputsch«, sondern auch als *Urfalle*, die der Mann der Frau stellte, bezeichnen. Diese Falle ist auch die Bedingung für den vorläufigen Höhepunkt des Patriarchats: die durch die Machtergreifung der Männer hervorgerufene Staatsidee. So entstand auch die Offensive »Männlich gegen Weiblich« und damit das bis dato andauernde Unglück des Menschen, das sich nicht erst seit heute als Leid des Individuums an sich selbst und an der Welt auswirkt und das ständig »weitervererbt« wird. Denn es gibt keine mächtigere Erziehungskraft als das von den Eltern vorgelebte und vermittelte Modell. Die Kluft zwischen den Geschlechtern und die Unfähigkeit zur Kommunikation wird so lange an Kinder tradiert werden, bis Mann und Frau ihre Positionen neu definiert und sich den Weg zueinander geebnet haben. Die Frau ist dem Mann auf diesem Weg bereits einen Schritt entgegengekommen. Jetzt ist er gefordert.

Macht-Manifestation aus Angst vor »ersatzloser Streichung«

Das Auftreten des Mannes kündigt als Urfalle schon in seinem frühen Stadium das an, was heute jedwedes Gesellschaftssystem kennzeichnet: die Errichtung von Strukturen, die den Erhalt von Macht gewährleisten sollen. Jene »Ordnung« genannte Erfindung schafft Heeres- und Finanzwesen, errichtet Unter-, Mittel- und Oberschichten, denen jeweils geeignete Aufgaben zukommen, um Ackerwirtschaft, Bürokratie und Führungswesen einzurichten und auszubauen. Es gibt keinen einzigen Fall in der Geschichte, bei dem die Frau in die Errichtung einer solchen »Ordnung« miteinbezogen worden wäre; nicht einmal ihre Zustimmung wurde gefordert. Die Ausbeutung von Mensch und Natur, vor allem aber die Versklavung des weiblichen Prinzips, ist in diesem wohlüberlegten Plan miteingeschlossen, und zwangsläufig ergibt sich nicht nur ein Bewußtsein, das alles »Männliche« als herrschaftsberechtigt ansieht, sondern auch jene Rollenverteilung von Mann und Frau, die bis vor kurzem noch jedem Umsturzversuch trotzte. Die Eigentumsidee, nach welcher dem Mann alles und der Frau nichts gehört, ist auch im 20. Jahrhundert nicht vollständig von der Bühne des bürgerlichen Trauerspiels gewichen.

Die Manifestationen der männlichen Macht, die sich als einen unermeßlich umfangreichen Wertekatalog von Verordnungen, Reglements, Gesetzen und Ehrencodices »zum Wohle aller« und »zum Besten der Gesellschaft« begreifen und die gleichzeitig einen Idealismus, den sie Realität nennen, den von ihnen Abhängigen vorgaukeln, verfolgen die Absicht des Macht*erhaltes* um jeden Preis. An den Beispielen der Missionierung fremder Kulturen und der Kriegführung gegen völlig unbekannte Zivilisationen läßt sich aber auch der entscheidende Faktor für den männlichen Wahn der Macht*ausdehnung* ablesen: Der Mann, der in der Frau schlechthin (und nicht nur in seiner Mutter!) ein Wesen sieht, das ihn nach Belieben zu beherrschen vermag, muß dieser vermeintlichen Autorität eine aus ihm selbst gewonnene Kraft gegenüberstellen. Er unterliegt der Fehlvorstellung, einem Ungleichgewicht der Macht ausgesetzt zu sein, in welchem er ersatzlos gestrichen werden könnte. Denn der Mann lebt in dem Bewußtsein, biologisch weitgehend überflüssig zu sein. Frau braucht ihn nicht. Jede für das Überleben notwendige Tätigkeit kann sie allein bewältigen. Eine blitzschnelle Hochrechnung genügt zudem, und der moderne Mann erkennt, daß sein Sperma in der Samenbank ausreichen würde, um Tausende Frauen zu schwängern. Zur Fortpflanzung wird er biologisch gesehen also nicht mehr auf Dauer im Plural benötigt. Das weiß der Mann, und er bekommt Angst. Wie reagiert er? Er versucht mit aller Gewalt und allen formalen Mitteln, seine Machtposition abzusichern und weitere Machtmanifestationen zu etablieren. Wer nicht in den Ring darf, kann nicht siegen. Wer zum Wettkampf nicht zugelassen ist, kann nicht besiegen. Es ist erstaunlich, wie viele Väter nach wie vor verhindern, daß ihre Töchter selb- und eigenständig werden. Entweder vermitteln diese Väter ihnen ein permanentes Gefühl der Minderwertigkeit oder sie mißtrauen dem Durchsetzungsvermögen ihres eigenen »Fleischs und Bluts«. In beiden Fällen versuchen sie die Tochter in die Abhängigkeit vom Mann zu manövrieren, was meist auf die bürgerliche Ehe hinausläuft. Zu gleicher Zeit hat die Tochter äußerlich versorgt zu sein und innerlich zu lieben; hier werden zwei voneinander unabhängige Vorgänge miteinander verknüpft, und die Tragödie beginnt in dem Augenblick, da sich die Tochter auf sich selbst besinnt und beginnt, der *gesellschaftlichen Falle* zu entgehen, indem sie entweder allein lebt oder einen Mann *ohne* wirtschaftliche Macht liebt.

Verläßt eine Frau einen Mann, wird er zunächst die wirklichen Gründe nicht begreifen, denn schließlich hatte er ihr doch, in welcher Form auch immer, Schutz vor den Unbilden des Lebens geboten. Wenn ein solcher Mann nun sieht, daß er nicht unbedingt notwendig ist, verfällt er auf die Idee, sich so zu gebärden, als müßte er gebraucht werden. Diese Vorstellung führte historisch gesehen von Kirchen- und Staatsgründungen über 60 Millionen Tote des Zweiten Weltkrieges bis zur »Eroberung« des Mondes und der gegenwärtigen Möglichkeit des zwanzigfachen Overkills. Selbst die Frage der Abrüstung ist eine Manifestation seiner Macht. Die Vernichtungsstrategie des Mannes ist eine seelische Wirklichkeit, die zwar die »beste aller möglichen Welten« erschaffen will, aber die schlechteste aller existierenden Welten hervorgebracht hat. Der Grund für diese Fehlentwicklung heißt: Angst. Aber nicht nur Angst vor der Frau bzw. dem weiblichen Prinzip, sondern vor allem: Angst vor sich selbst. Der Mann mißtraut dem ihm innewohnenden weiblichen und männlichen Wesen zutiefst. Er kann nicht verlieren, er muß gewinnen, doch irgendwie spürt er, daß jeder scheinbare Gewinn in diesem Spiel letztlich ein Verlust ist. Der Mann verliert sich selbst und muß sich deshalb nach außen hin in sichtbaren Machtzeichen manifestieren, um seinen eigenen Untergang aufzuhalten. Diesen Vorgang nennt er fälschlicherweise *Selbstverwirklichung*. Sie vollzog sich bislang – über Jahrhunderte hinweg – auf Kosten der Frau. Die Konsequenz aus diesem Prozeß war der Beginn einer Pseudo-Selbstverwirklichung der Frau – auf Kosten des Mannes. *Robert Lawlor* gibt in seinem Buch »Die Seele des Mannes« zu bedenken, daß aufgrund der Wettbewerbssituation die Frau zum »Preis« des Mannes wird. Daraus resultiert:

1. eine grundlegende Verachtung als Folge der Auffassung, daß die Frau lediglich ein Preis, also ein Gegenstand ist;

2. die Unterwerfung jenes Preises unter den Willen des Siegers; oder

3. wie mit allen Trophäen: die Isolierung der Frau auf einem Sockel.

Der Frau selbst, vor solche Aussichten gestellt, bleibt offenbar nichts anderes, als dem »besten Angebot« zu folgen. Jener männliche Kampf um die Macht, um die Vorherrschaft im privaten wie im öffentlichen Bereich, der hier zwischen den Geschlechtern ausgetragen wird, offenbart in seiner Unerbittlichkeit einen »Urhaß«, der möglicherweise aber nur die andere Seite der »Urliebe« ist. Gelänge es, diese wieder zuzulassen, so würde das eine vollkommene, grundlegende Erneuerung des Mann-Frau-Verhältnisses bedeuten.

»Gebär-Neid« als Motivations-Faktor Nr. 1

»Neid« wird nicht nur als Mißgunst beschrieben, sondern vor allem als »Unlustgefühl, das jemanden befällt, wenn er einem anderen etwas nicht gönnt oder das gleiche haben will und es nicht bekommt«. Sprechen wir nun vom »Gebär-Neid« des Mannes, so meinen wir damit jenes Weltunlustgefühl, das ihn in dem Moment ergreift, in dem er erkennt, daß nicht er, sondern allein die Frau in der Lage ist, durch den Vorgang der Geburt *Lebendiges* in die Welt zu setzen. Dem Mann ist dieser biologische Prozeß nicht möglich, und er kann zudem nie ganz sicher sein, daß *er* der Erzeuger des Kindes ist – was wiederum eine Grundbedingung für das Patriarchat ist. Um sich jedoch der Frau ebenbürtig zu fühlen, muß auch der Mann sich schöpferisch zeigen, also pseudo-gebären. Daß alles, was *er* auf diesem Wege in die Welt setzt, unlebendig ist, stört ihn zwar, doch immerhin ist er kreativ, wenn er erfindet, baut oder arbeitet, kurz: wenn er »macht«. Das aber, was er hervorbringt, ist durch nichts mit der Schöpferkraft der Frau vergleichbar, doch es fördert in ihm immerhin das Bewußtsein, nicht vollends überflüssig, sondern der Frau »irgendwie« adäquat zu sein. Der Mann ist mit Stolz erfüllt, wenn er das Ergebnis seines Schaffens betrachten kann – noch stolzer ist er jedoch, wenn es ihm gelingt, das Erschaffene wieder zu vernichten, um sich im Akt der Neuerrichtung als Retter wähnen zu können.
Im Laufe der Zeit wird sein Neid auf die Fruchtbarkeit der Frau zum Motivations-Faktor Nr. 1 in all seinen Unternehmungen, und er tritt nicht umsonst gern als »Un-

ternehmer« auf. Ohne diesen Neid gäbe es für den Mann wenig Gründe, sich all den Mühen auszusetzen, die ihn sein Unternehmen kostet. Der Baum auf dem Dach eines neuerrichteten Hauses beim *Richt*fest ist durch seine phallische Form ein weithin sichtbares Zeichen, daß hier ein Mann, sei es als Maurer, Architekt oder »Hausherr«, gewirkt hat. Jede scheinbar gebärende Tätigkeit bestärkt in ihm das Selbstvertrauen, etwas *Nützliches* vollbracht zu haben. Nützlich für sich selbst und nützlich für die Frau, so bildet er sich ein – und darin offenbart sich eine der »Fallen«, die er der Frau stellt und von der noch oft die Rede sein wird. »Nützlich« wie das Errichten ist auch das Zerstören im Bewußtsein des Mannes. Schließlich, so weiß er unbewußt, muß auch das Jungfernhäutchen erst zerstört werden, bevor der Akt der Zeugung vonstatten gehen kann. Destruktion ist in männlichen Augen die Grundbedingung schöpferischer Kraft. »Krieg ist der Vater (!) aller Dinge«, lehrte *Heraklit* schon im sechsten vorchristlichen Jahrhundert. Diese bizarre Auffassung hat sich bis in die Neuzeit erhalten. Der Gebär-Neid wird somit zur Entschuldigung für alles, was der Mann unternimmt, um das vermeintliche Ungleichgewicht zwischen sich und der Frau auszubalancieren. Hinter diesem Neid verbirgt sich – wie der Psychoanalytiker *Horst Petri* aufgezeigt hat – »der viel tiefere Neid auf die Regressions- und Verschmelzungsfähigkeit der Frau in der Urerfahrung einer früheren Einheit«, jener ursprünglichen Einheit von Mensch und Mensch, und nicht nur von Mann und Frau. Es ist zudem der Neid auf die Einheit von Frau und Kind sowie von Frau und

Natur, wozu auch die dem Mann noch immer unheimliche Verbindung von Menstruation und Mondzyklus gehört. Dieser Neid macht es Männern so schwer, Frauenfreundschaften, also weibliche Verschmelzungen, zu begreifen und zu akzeptieren. Die Urerfahrung einer früheren Einheit von Mann und Frau erlebt der Mann selbst nur noch – aber ausschließlich unbewußt – im geschlechtlichen Akt.

Das Wiederauftreten des Weiblichen: Die Wende am Ende des 20. Jahrhunderts

Durch die im letzten Drittel des ausgehenden Jahrtausends auftretende Frauenbewegung und die damit verbundenen Anstöße und Provokationen ist das Weltbild des Mannes fundamental ins Wanken geraten. Die Rolle des »Herrn der Schöpfung« innerhalb des Sozialgefüges wird gegenwärtig grundlegend neu definiert: Entweder der Mann macht weiter wie bisher, dann aber – das ahnt er – verläßt ihn die Frau vollends und somit alles, was seine bisherigen Wertvorstellungen ausgemacht hat, oder er beginnt sein Verhältnis zu sich selbst und anderen in Frage zu stellen und umzugestalten, was notgedrungen eine Umgestaltung der Welt zur Folge hätte. Wo aber soll der Mann anfangen? Soll er alles von der Frau abschauen? Natürlich weiß er, daß sein Weg bei der Selbstfindung beginnen muß, doch auch der moderne Mann wartet lieber erst einmal ab. Und je länger er abwartet, desto häufiger wird er von der Frau abgehängt. Zuerst abgehängt, dann verlassen. Nicht nur in der Paarbeziehung, sondern grundsätzlich. Achtzig Prozent der Scheidungen gehen heute von der Frau aus. Weitgehend unbeachtet blieb dabei die Frage: Wie fühlen und verhalten sich Männer bevor, während und nachdem sie von »ihren« Frauen verlassen wurden? Worin liegen die objektiven Gründe für die Trennung? Was war letztlich verursachend, was letztlich auslösend? Wiederholen die Männer ihre Fehler in der nächsten Beziehung? Sind sie immer noch »emotionale Analphabeten« mit eingeschränkter Lernfähigkeit – weit entfernt von der notwendigen »Grammatik der Gefühle«?

Soviel ist sicher: Die wachsende Stärke des weiblichen Prinzips bewirkt eine gewaltige Veränderung der patriarchalischen Strukturen. Würden diese nun allein von matriarchalischen Strukturen abgelöst werden, so wäre nichts gewonnen. Es ist falsch, die Befreiung des einen Geschlechts auf Kosten des anderen durchzuführen – richtig dagegen wäre, eine konsequente Gleichberechtigung anzustreben.

Die Wende am Ende des 20. Jahrhunderts hat ihre Wurzeln jedoch nicht allein in der Frauenbewegung. Diese ist nur der Höhepunkt eines Gesamtwandels, der nach dem »Kahlschlag« von 1945 begann und sich über die Musik des Rock 'n' Roll, das Auftreten der Hippies, die Studentenbewegung, die sexuelle Neuorientierung bis hin zur Friedensbewegung und einem verstärkten ökologischen Bewußtsein erstreckte. All diese Faktoren sind, obwohl sie auch von Männern mitgetragen und -gestaltet wurden, als Antworten auf die Welt des Mannes zu verstehen, dessen linear-fokussiertes Denken und Handeln weitgehend von der ganzheitlichen Sichtweise der Frau abgelöst wird. Die von Männern errichteten Staatengebilde zerbröckeln wie vertrockneter Lehm – aus den Staaten werden wieder Völker. Die Signale sind unübersehbar.

Der Verfall der Männlichkeit

Die tief verwurzelte Kluft zwischen Frau und Mann

»Der Mann stellt der Frau eine Falle«, hieß die erste These bei der Suche nach Antworten auf die Frage, weshalb der Mann von der Frau verlassen wird. Um die Tragweite einer solchen Behauptung zu ermessen, müssen wir uns darüber im klaren sein, daß auch die Frau dem Mann eine Falle stellt (z. B. durch versuchtes pseudo-erotisches Spielverhalten, durch vorgetäuschte Hilflosigkeit, durch eingeübtes Rollenspiel etc.). Doch das Fallenstellen bedarf einer eigenständigen Klärung, die nach und nach in den Text einfließen wird. Soviel aber sei jetzt schon gesagt: Die Falle, die die Frau für den Mann bereitet, ist ebenso auf Endgültigkeit aus wie jene, die der Mann der Frau stellt, wobei die Vorgehensweise des Mannes meist direkt, die der Frau überwiegend indirekt erfolgt. Beide aber wollen den jeweils anderen als Opfer – bewußt oder unbewußt, wobei auch hier eine Unterscheidung zu treffen ist: Der Mann ist meist auf einen bestimmten Typus fixiert, der sich durchaus dem Bild, das er von seiner Mutter hat, annähern kann, während die Frau eher dazu neigt, die unterschiedlichsten Männer kennenzulernen.
Die Beweggründe für das Fallenstellen sind bei beiden

Geschlechtern identisch, in der Ausübung aber unterscheidet sich die Frau zusätzlich durch Subtilität und Raffinement vom Mann. Um die Absichten von Männern besser zu verstehen, müssen wir zwei Fragen unterscheiden:
Weshalb stellt der Mann der Frau *überhaupt* eine Falle?
Und: Wie geht er dabei vor?
Solange der Mann nicht in der Lage ist, sein Anliegen ohne Heuchelei vorzutragen, *muß* er der Frau eine Falle stellen, da er sich prinzipiell dem Weiblichen unterlegen fühlt. Generationenlang wurde ihm eingetrichtert, er habe sich um die Frau zu bemühen, ihr »den Hof zu machen«, genauso wie der Frau eingeimpft wurde, sie dürfe sich nur einem Mann zuwenden, der sein Werben mit einem Übermaß an Einfällen, Geistesblitzen und Höflichkeitsfloskeln sowie – in schlimmster Konsequenz – mit finanziellen Vorteilen ausstaffiere. Platonow, jener literarischen Gestalt aus *Tschechows* gleichnamigem Theaterstück, ist diese Vorgehensweise zu unehrlich, und er verfällt der Idee, seine Absichten konkret zu äußern: »Ja oder nein?« fragt er deshalb die Frauen und – scheitert. Er muß scheitern, da kaum jemand bereit ist, solche Offenheit anzunehmen. »Nur wenige werden von wenigen lange geliebt«, sagt *Jean Paul*, »weil nur wenige einen ganz freien Menschen dulden.« Der schöne Schein, den der Mann mit seinem Fallen-Pfauenrad erzeugt, ist der Frau willkommen, obwohl sie genau weiß, daß das Rad nur von vorn betrachtet bunt und schillernd erscheint und sich die Rückseite ebenso graubraun präsentiert wie das eigene

Leben. *Dennoch tappt sie in diese Falle, doch eben nur scheinbar*; sie behält es sich vor, wieder daraus zu entschlüpfen. Der Mann, der denkt, die Frau säße in der Falle, merkt unbewußt, daß die Falle nicht ganz perfekt ist, sondern Möglichkeiten des Entkommens offenläßt. Er offeriert der Frau deshalb ein Blendwerk, durch das bei ihr alle weiblichen – durch Sozialisation indoktrinierten – Wunschträume in Erfüllung zu gehen scheinen. Zudem macht er seine inneren Defizite durch Imponiergehabe wett: Die Briefmarkensammlung ist hier nur das harmloseste Beispiel. Weitaus schwerwiegender ist das Vorspiegeln falscher Tatsachen, das überdies noch mit der Aussicht auf ein materiell sorgenfreies Leben für die Frau vermengt ist: Egal, welcher sozialen Schicht er entstammt – kaum ein Mann, der nicht Kosmopolit ist, der nicht mit einflußreichen Freunden prahlt, der nicht geradezu unglaubliche Erfolgsaussichten im Beruf hat.

Der männliche Leser sollte an dieser Stelle innehalten und sich fragen, was er selbst nicht schon alles erfunden hat, um bei einer Frau gut abzuschneiden und möglichst perfekt vor ihr dazustehen! Wie oft log er, wie oft schmeichelte er, wie oft gab er Verständnis vor, das keines war – nur um sein Ziel, das über den einmaligen Beischlaf weit hinausgeht, zu erreichen! Interessanterweise ist der »Lockruf« des Mannes – wie im Tierreich – dabei immer derselbe, egal auf welche Frau er trifft, mit der Einschränkung freilich, daß er manches hinzudichtet und anderes wiederum wegläßt, je nachdem, wie er den Charakter und die Bedürfnisstruktur der Frau, die ihm begegnet, einschätzt. Der Mann weiß um seine Wir-

kung, und er verfügt über eine äußerst erstaunliche Anpassungsgabe: Im einen Moment kann er den Verständnisvollen spielen, wenn er glaubt, daß die Frau, die er begehrt, Probleme hat, die seine Retterrolle erfordern, im nächsten Augenblick aber wird er zum unverstandenen Genie, wenn er wittert, daß die Frau, die ihm gegenübersteht, voll von mütterlichem Einfühlungsvermögen ist. Die Frau macht sich innerlich über die Form, in der der Mann sich produziert, lustig, *dennoch gibt sie vor, sich in seiner Falle* (im Volksmund wird das Bett oft »Falle« genannt!) *wohl zu fühlen.* Sie durchschaut das Spiel, macht aber trotzdem mit. *Sobald sie sich jedoch in der Falle nicht mehr genügend geliebt fühlt, erkennt sie, daß der Mann verlogen ist. Der Mann hat das Fallenstellen mittlerweile verinnerlicht* und zu einem wichtigen Bestandteil der Beziehung werden lassen. *Er merkt, daß sich die Frau von ihm entfernt* und seiner Falle zu entkommen droht.
Das Fallenstellen ist eine Auswirkung der jahrtausendealten Trennung von Mann und Frau, die trotz aller Liebe zwischen den Geschlechtern nicht wegzudenken ist. Für *Otto Mainzer*, den geistigen Vorkämpfer der Befreiung der Geschlechter, liegt der Grund für die Falle in der sexuellen Zwangswirtschaft, jener verhängnisvollen Tatsache, daß die Befriedigung des sexuellen Bedürfnisses an wirtschaftliche Leistungen gebunden ist, die einer der Partner (in den meisten Fällen der Mann) notgedrungen erbringen muß, soll die »Liebe« halten. »Man nenne die Länder«, schreibt Mainzer, »wo das Weib in der eindeutigsten Weise verschachert wird, und man nenne die Länder, wo die Trennung der

Geschlechter noch am strengsten durchgeführt ist: Es sind dieselben. Man nenne ferner die Länder, in denen das Weib am wenigsten menschliches Ansehen genießt, in denen es am brutalsten der Verfügungsgewalt des Besitzers unterworfen und ohne Rücksicht auf seine eigenen erotischen Bedürfnisse als bloßes Befriedigungsobjekt gebraucht wird: Und es sind wieder dieselben. Anstelle der nackten Gewalt, welche im Orient vielfach noch heute die Geschlechter getrennt hält, ist in Europa und seinen kulturellen Filialen ein äußerst raffiniertes System *geistigen* Zwanges getreten.«

Also stellt der Mann Fallen, und er merkt nicht, *daß die Frau, die sein Handeln als verlogen erkennt, sich mehr und mehr von ihm entfernt. Der Mann wird zum verlorenen Mann. Die Frau gibt ihm keine Chance mehr. Als Chancenloser versucht er nun, durch neuerliches Fallenstellen* (Versprechungen, Beteuerungen, Geschenke etc.) *die Frau daran zu hindern, sich gänzlich von ihm zu lösen.* Vergeblich. *Die Frau verläßt den Mann, und er sitzt selbst in der Falle, die er eigentlich für die Frau gestellt hatte.*

Sicher gibt es Beispiele, bei denen der Umgang der Partner miteinander ehrlicher ist. Doch das grundsätzliche Täuschungsmanöver, mit dem die meisten Männer Frauen erobern wollen, trägt genau dieses Muster, auch wenn die Form unterschiedlich ist. Nur die Liebe kann die Kluft zwischen den Geschlechtern überwinden.

Der unüberbrückbare Graben zwischen Welt und Mann

Was veranlaßt den Mann, der Frau eine Falle zu stellen? Ist diese Falle der Grund, daß heute die Scheidungsrate, selbst bei Zweitehen, in den USA bei sechzig Prozent und in Deutschland bei dreißig Prozent liegt? Und ist damit die Idee, daß Mann und Frau jemals wieder problemlos zueinanderfinden können, endgültig dahin?

Der Mann sieht die »Frau« nur noch in Extremen, als zu verehrende Jungfrau (Katholizismus), als Mutter (Alma mater) oder als Prostituierte. Hintergrund ist die Angst, die Herrschaft wieder verlieren zu können. Mütter werden nach wie vor verehrt, die Frau und damit auch das Weibliche an sich jedoch wird – nicht erst seit den Hexenverfolgungen des Mittelalters – verdammt. Mit diesem Schritt entledigte sich der Mann seiner ursprünglichen Eingebundenheit in die naturgegebenen Prozesse.

Die Urfalle, die der Mann der Frau stellte, war materieller Natur. Indem er der Frau immer mehr eigenständiges Leben entzog, machte er sie wirtschaftlich abhängig; gleichzeitig aber trennte er sich selbst von seinen Ursprüngen und errichtete die patriarchale Welt, die auf der Grundlage der Vermischung von materieller und emotionaler Abhängigkeit aufgebaut ist. Denn ohne die Frau *kann* der Mann nicht auskommen, nicht nur hinsichtlich seines libidinösen Bedürfnisses, sondern vor allem, weil er sie zur Selbstbestätigung braucht. Die Anerkennung durch Geschlechtsgenossen ist für ihn zwar wichtig, doch weniger befriedigend. Der Graben zwischen Frau und Mann ist also nichts anderes als der Graben zwischen Welt und Mann, besonders da nur die Frau in der Lage ist, dem Mann das Gefühl von Ganzheitlichkeit zu schenken. Seitdem der Mann die Frau nicht mehr als Mensch, sondern »nur« als Frau behandelt, ist ihm dieses Gefühl abhanden gekommen. Er fühlt sich mit »Welt« nicht mehr identisch und ist deshalb in der Lage, »Welt« zu zerstören. Wäre er in der Welt bzw. wäre die Welt in ihm, so wäre er auch in der Frau und umgekehrt. Diese Einheit von Welt/Frau und Mann würde ein ganzheitliches Denken implizieren, und der Mann müßte nicht mehr weiterhin vehement seinen eigenen Untergang betreiben. Denn es ist primär die Abspaltung seiner weiblichen Anteile (anima), die ihn dazu veranlaßt, in einem vermeintlichen Rettungsrausch das zu Rettende letztlich zu vernichten.

In einem Bürgerkrieg wird versucht, die Identität des einen Volkes auf Kosten eines anderen zu retten, beide entfernen sich aber durch ihre Kampfhandlungen so weit voneinander, daß der Tod jedes Identifikationsstreben beider Seiten zunichte macht. Zurück bleiben weinende Frauen und Kinder. Der Mann aber, der den Krieg führt, hat den Graben zwischen sich und der Welt zum Schützengraben ausgebaut. Hier der kämpferische Mann – dort die Welt. Die Tränen der Frau sind nicht nur Tränen um den Verlust des Mannes, im tiefsten Innern weint sie um den Verlust der Idee einer gemeinsamen Welt und somit um den Verlust der positiven Möglichkeiten, die Mann und Frau haben könnten.

Im Grunde genommen ist die Falle, die der Mann der

Frau stellt, der Versuch, ihr die Welt zu entziehen und sie in die seine einzusperren. Dieser Versuch glückte, solange die Erde nicht existentiell bedroht war. Doch die Möglichkeit einer globalen Weltvernichtung verursachte den heute zu konstatierenden Wandel, bei dem weibliche Werte wieder zum Vorschein kommen. Während das ganze Spektrum des Weiblichen in den Vordergrund rückt und die Kultur verändert, bleibt es die Aufgabe des Mannes, dieses Auftreten des Weiblichen nicht länger zu boykottieren, sondern es zuzulassen, es zu unterstützen und dadurch den eigenen weiblichen Anteilen wieder Rechnung zu tragen. Dabei wird die von Männern stets geleugnete eigene Verletzbarkeit eine wichtige Rolle spielen. Die Frau kann dem Mann dabei helfen. Doch will er sich überhaupt helfen lassen?

Der von Orientierungslosigkeit gebeutelte »Übergangs-Mann«

Der »Alte Mann«, der Mann unserer Vätergeneration, lebte nach dem Muster »Ich muß«. Für ihn war die Welt eine von ihm verwaltete und somit kontrollierte Einheit. Als diese Welt einzustürzen drohte, besann er sich auf seine Fähigkeiten zur Veränderung und wurde zum »Übergangs-Mann«, der sich allerdings *zu* schnell auf die Seite der Frau schlug und in einem heuchlerischen Solidaritätsanspruch behauptete: »Wir haben die Frau seit jeher verstanden und helfen ihr nun, ihren eigenen Weg zu gehen.«

Auch hier versteckt sich männliches Machtstreben. Wer jemanden in die Freiheit entläßt, offenbart darin seine Macht. Dafür will er aber bewundert werden. Großzügig überläßt der Herr der Schöpfung als Schein-Feminist dem von ihm insgeheim gefürchteten Wesen Frau die Möglichkeit, eigene Wege zu beschreiten. Es käme ihm nicht in den Sinn, sich selbst und der Frau *seine* Unfähigkeit, Leben *sinnvoll* zu gestalten, einzugestehen und um ihre Unterstützung zu bitten. Deshalb lebt der »Übergangs-Mann« nach dem Verweigerungs-Muster »ich will nicht (mehr)«. »Schau du nur, wie du ohne mich zurechtkommst! Wir werden ja sehen!« Solche Männer zeichnet ihre Orientierungslosigkeit aus. Irgendwie merken sie, daß die selbstgeschaffene Architektur der Welt zusammenbricht. Sie leben zwischen »nicht mehr« und »noch nicht«.
Soll der Mann sich der Frau anpassen? Soll er sich vollkommen zurückziehen und ihr das Terrain überlassen? Oder soll er um sein fast schon verlorenes Erbe kämpfen? Für wen soll er dann aber die Verantwortung übernehmen? Für sich selbst, für die Frau oder gar für beide? Hieße Verantwortung übernehmen nicht, in alte Strukturen zurückzufallen?
Ganz offensichtlich ist der »Übergangs-Mann« gehandicapt. Jeden Tag entgleitet ihm ein weiteres Stückchen Welt. Seine Verweigerungs-Haltung, sein Stehenbleiben, seine Unfähigkeit, neue Entwicklungen zuzulassen und mitzugestalten, kurz: sein statisches Denken hindert ihn daran, für sich selbst eine Zukunft zu entwerfen. Er bleibt, was er ist: eine Spezies, die vom Aussterben bedroht ist, da er sich in einer sich verändernden

Umwelt nicht verändern *will*, obwohl die notwer Fähigkeiten vorhanden wären. Das »ich muß« das »ich will nicht (mehr)« Ausdruck seelisch reife.

Solange der Mann nicht zu einem ehrlichen »ich will« herangewachsen ist, solange er sich wie ein Pubertierender gebärdet, der sich gegen die eigene Entwicklung und somit gegen die Verantwortung für sich selbst auflehnt, solange wird er auch von der Frau nur scheinbar ernst genommen. Das führt dazu, daß sie ihn früher oder später verläßt. Es geht hier nicht um die Frage, ob er zu Recht verlassen wird, es geht um die nackte Tatsache, daß es überhaupt geschieht.

Doch sind nicht nur die Männer orientierungslos. Auch viele Frauen werden – trotz aller Emanzipation – von einer immer weiter um sich greifenden Wertunsicherheit gepeinigt. Beide Parteien wissen heute nicht, ob sie ihr Dasein mehr auf die Absicherung des Materiellen oder eher auf eine gelungene Partnerschaft ausrichten sollen, mit anderen Worten: Die Geschlechter sind unsicher, ob das Ziel »beruflicher Erfolg« oder das Ziel »Liebe« vorrangig ist. Aus dieser Verunsicherung resultiert die heute gängige Überlegung, sich zunächst im beruflichen Leben zu etablieren, weil man sich als erfolgreicher Mensch größere Chancen für das Liebesleben ausrechnet. »Es war falsch, die Priorität auf die Partnerschaft zu setzen«, resümiert Laura, eine vierzigjährige Frau, die sich um einen möglichen beruflichen Erfolg gebracht sieht, weil sie ihre ganze Kraft für einen Mann einsetzte. Nun hat sie ihn verlassen, mit dem Resultat, daß er eine neue Freundin hat und sie beruflich wieder am Anfang steht. Es ist natürlich ein Trugschluß, zu meinen, beruflicher Erfolg garantiere eine gelungene Liebe. Vielmehr verhält es sich oft umgekehrt: Erst eine gelungene Liebe ermöglicht einen Erfolg des *gesamten* Lebens. Es muß sich allerdings nicht zwingend um eine partnerschaftliche Liebe handeln. Liebe kann sich auf die Natur, auf Tiere, auf Menschen im allgemeinen oder auf das, was die religiöse Sprache »Gott« nennt, beziehen. Sie muß jedoch gelebt, also derart praktiziert werden, daß sie einem oder mehreren »anderen« dient und nützt.

Das endgültige Aus für die alten »Rollen«

Während die negativen Errungenschaften des Industrie-Zeitalters wie z. B. Fließbandarbeit an Roboter und andere Maschinen delegiert werden, erleben wir gleichzeitig die Blüte des Informations-Zeitalters. In der Zeit unserer Großväter gab es *die* eine Zeitung, heute können wir innerhalb eines großen Angebots wählen. Es existiert nicht mehr nur *das* eine Radio-Programm, sondern eine Fülle von Stationen und Sendern, ganz zu schweigen von der Telekommunikation via Kabel und Satellit. Mitten in diesem Informations-Zeitalter beginnt nun eine zweite Epoche: das Bewußtseins-Zeitalter, dessen Aufgabe es ist, dem Individuum wie dem Planeten gleichermaßen das Überleben zu sichern. Doch macht die männlich geprägte Gesellschaft Fortschritte?

Ein erster Bewußtseinswandel hat tatsächlich stattgefunden. Es stellt sich aber die Frage, ob dies eine Folge der Erstarkung der Frau ist oder ob die Frau nur durch das veränderte allgemeine Krisenbewußtsein erstarken konnte. Sicher hat der Mann stets »gewittert«, daß er der starken Frau unterlegen ist. Doch nun stehen wir vor der Tatsache, daß die Frau die Antwort auf ihre zentrale Frage »Was soll ich tun?« nicht länger vom Mann bekommen will, sondern daß sie in der Lage ist, sich die Antwort(en) selbst zu geben. Da der Durchschnittsmann hinsichtlich seiner sozialen Kompetenz nicht sehr weit entwickelt ist, sieht er in diesen neuen Herausforderungen und Provokationen durch die Frau mehr Gefahren als Chancen. Statt sich zu öffnen, bauen die meisten Männer ihre Persönlichkeitsgebäude zur Festung aus.

Es gibt Frauen, die den Schlüssel zu diesem Schloß kennen und die fähig sind, in die Burg des Mannes einzudringen, ohne bei ihm den Impuls zur Veränderung auszulösen. Wenn dieser Vorgang erfolgreich verläuft, dann bleibt alles beim alten, dann wird der Vater weiterhin Vorbild bleiben für seine Söhne, die ohne Bedenken wieder neue Burgen und Schlösser produzieren.

Dieses Procedere funktioniert (für den Mann) so lange, wie die Frau bereit ist, die von ihm aufgestellten Spielregeln einzuhalten. Die Emanzipation durchbricht das alte Rollenschema des Mannes und somit auch das der Frau.

Die Geschlechter haben sich noch nicht auf eine andere Rollenverteilung geeinigt. Keiner kann sagen, wohin die Reise führt. Ganz offensichtlich aber steigt insgesamt das Bedürfnis nach einer Neuorientierung, um einem weiteren Auseinanderdriften der Geschlechter eine Kraft entgegenzuhalten, die in der Lage ist, Einheit zu stiften.

Die Wandlung der Gefühle

Der Verlust von Macht, Mutter und Frau

Das äußere Gewaltpotential, über das der Mann verfügt, resultiert aus dem inneren Potential an Machtgelüsten, an das der Mann sich noch immer klammert und mit dem er versucht, Frau und Welt zu regieren. Die Rollen, die *Louis de Funès* in seinen Filmen verkörperte, entsprechen diesem überall anzutreffenden Mann, der zwar über dieses Machtpotential verfügt, es aber nicht sinnvoll einzusetzen weiß und deshalb letztlich stets als der Dumme dasteht, den man jedoch (leider) gerade wegen seiner Torheit irgendwie gern haben muß. Die Frauen, mit denen Louis de Funès im Film verheiratet ist, erkennen zwar das Manko ihres Gatten, doch sie dulden es und verlassen ihn nur selten; es obsiegt in ihnen die vom Mann herausgeforderte Mütterlichkeit, die sie dazu bewegt, den kindlichen Mann zu unterstützen, statt ihn auf sich selbst zurückzuwerfen. Die übertriebene Hektik, die der französische Schauspieler so glänzend darstellt, ist nichts anderes als der auf die Spitze getriebene männliche Tatendrang, der sich im Erobern von Frauen, beruflichen Zielen oder fernen Ländern auswirkt. Jenes »Louis-de-Funès-Syndrom« bricht individuell wie kollektiv nicht einmal dann ganz zusammen, wenn der Mann von der Frau verlassen wird. Die Ehegeschichte des Advokaten Torvald Helmer und seiner Frau Nora in *Henrik Ibsens* Drama »Ein Puppenheim« ist ein Paradebeispiel für die Tragik des verlassenen Mannes und seine Uneinsichtigkeit schlechthin. Seit der Uraufführung im Jahr 1879 hat dieses Stück Tausende von Zuschauern bewegt, vielleicht deshalb, weil es jedem, der sich mit ihm beschäftigt, einen Teil seines eigenen Lebens vor Augen führt. Um das zeitlose Muster der Sprachlosigkeit zwischen Mann und Frau in seiner Komplexität zu veranschaulichen, blieb folgender Auszug ungekürzt:

Nora Heute nacht schlafe ich nicht.

Helmer Aber, liebe Nora –

Nora (sieht auf ihre Uhr): Es ist noch nicht spät. Setz dich, Torvald, wir zwei haben viel miteinander zu besprechen. (Sie setzt sich an die eine Seite des Tisches)

Helmer Nora, – was bedeutet das? Dieser starre Gesichtsausdruck –

Nora Setz dich hin. – Es dauert lange. Ich hab' über vieles mit dir zu reden.

Helmer (Setzt sich ihr gegenüber an den Tisch): Du machst mir Angst, Nora. Und ich versteh' dich nicht.

Nora Das ist es eben. Du verstehst mich nicht. Und ich hab' dich auch nie verstanden – bis heute abend. Nein, unterbrich mich nicht. Du sollst nur zuhören, was ich sage. Dies ist eine Abrechnung, Torvald.

Helmer Wie meinst du das?

Nora (nach einer kurzen Pause): Wie wir hier sitzen, – fällt dir daran nichts auf?

Helmer Was sollte das sein?

Nora Wir sind jetzt acht Jahre lang verheiratet. Fällt es dir nicht auf, daß wir beide, du und ich, Mann und Frau, jetzt zum erstenmal ernst miteinander reden?

Helmer Ernst, – was heißt das?

Nora Volle acht Jahre, – ja, länger, – gleich vom ersten Tag unserer Bekanntschaft an haben wir nie ein ernstes Wort über ernste Dinge gewechselt.

Helmer Sollte ich dich denn immer wieder in Sorgen einweihen, die du mir doch nicht tragen helfen konntest?

Nora Ich rede nicht von Sorgen. Ich sage, wir haben nie im Ernst zusammengesessen um zu versuchen, einer Sache auf den Grund zu gehen.

Helmer Aber, liebste Nora, wäre das denn was für dich gewesen?

Nora Da sind wir bei der Sache. Du hast mich nie verstanden. – Es ist viel Unrecht an mir verübt worden, Torvald. Erst von Papa und dann von dir.

Helmer Was! Von uns beiden, – von uns beiden, die dich mehr als alle anderen geliebt haben?

Nora (schüttelt den Kopf): Ihr habt mich nie geliebt. Es hat euch nur Spaß gemacht, in mich verliebt zu sein.

Helmer Nora, was sind das für Worte?

Nora Ja, das ist nun mal so, Torvald. Als ich noch zu Hause bei Papa war, hat er mir seine Meinungen über alles erzählt, und so hatte ich dieselben Meinungen; und wenn ich andere hatte, dann hab' ich das verheimlicht, denn das hätt' er nicht gemocht. Er nannte mich sein Puppenkind, und er spielte mit mir, wie ich mit meinen Puppen gespielt hab'. Dann kam ich zu dir ins Haus –

Helmer Was für einen Ausdruck gebrauchst du denn da für unsere Ehe?

Nora (unbeirrt): Ich mein', dann bin ich aus Papas Händen in deine übergegangen. Du hast alles nach deinem Geschmack eingerichtet, und so bekam ich denselben Geschmack wie du, oder ich tat nur so, ich weiß nicht genau, – ich glaub', es war von beidem was, bald das eine, bald das andere. Wenn ich jetzt zurückblicke, wird mir klar, daß ich hier wie ein bettelarmer Mensch gelebt habe, – nur von der Hand in den Mund. Ich hab' davon gelebt, dir Kunststücke vorzumachen, Torvald. Aber du wolltest es ja so haben. Du und Papa, ihr habt eine große Sünde an mir begangen. Ihr seid schuld daran, daß aus mir nichts geworden ist.

Helmer Nora, wie ungerecht und undankbar du bist. Bist du hier nicht glücklich gewesen?

Nora Nein, das bin ich nie gewesen. Ich hab' es geglaubt, aber ich bin es nie gewesen.

Helmer Nicht – nicht glücklich!

Nora Nein, nur lustig. Und du warst immer so nett zu mir. Aber unser Heim war nichts weiter als eine Puppenstube. Hier war ich deine Puppenfrau, so wie ich zu Hause Papas Puppenkind war. Und die Kinder, die waren wieder meine Puppen. Es machte mir Spaß, wenn du mit mir spieltest, so wie es ihnen Spaß machte, wenn ich mit ihnen spielte. Das war unsere Ehe, Torvald.

Helmer Es ist etwas Wahres an dem, was du sagst, – so übertrieben und überspannt es auch ist. Aber von jetzt an soll es anders werden. Die Zeit des Spielens ist vorbei, jetzt kommt die Erziehung.

Nora Wessen Erziehung? Meine oder die der Kinder?

Helmer Sowohl deine als auch die der Kinder, meine geliebte Nora.
Nora Ach, Torvald, du bist nicht der Mann, um mich zu einer richtigen Frau für dich zu erziehen.
Helmer Und das sagst du?
Nora Und ich, – wie bin ich darauf vorbereitet, die Kinder zu erziehen?
Helmer Nora!
Nora Hast du es nicht vor einer Weile selbst gesagt, – diese Aufgabe wagst du mir nicht anzuvertrauen?
Helmer Im Augenblick der Erregung! Wie kannst du das ernst nehmen?
Nora Nein, das hast du ganz richtig gesagt. Ich kann diese Aufgabe nicht bewältigen. Zuerst muß eine andere Aufgabe gelöst werden. Ich muß versuchen, mich selbst zu erziehen. Und du bist nicht der Mann, mir dabei zu helfen. Das muß ich allein schaffen. Und darum geh' ich jetzt weg von dir.
Helmer (springt auf): Was sagst du da?
Nora Ich muß ganz auf meinen eigenen Füßen stehen, wenn ich mir über mich und alles andere klar werden will. Deshalb kann ich nicht mehr bei dir bleiben.
Helmer Nora, Nora!
Nora Ich werd' jetzt sofort von hier weggehen. Kristine nimmt mich wohl für heute nacht bei sich auf –
Helmer Du bist wahnsinnig! Das erlaub ich dir nicht! Ich verbiete es dir!
Nora Es nützt nichts, mir jetzt noch was zu verbieten. Ich nehm' mit, was mir gehört. Von dir will ich nichts haben, weder jetzt noch später.[2]

Es ist leicht nachzuvollziehen, welchen Skandal dieses Stück vor mehr als hundert Jahren auslöste. »Ein Puppenheim schlug ein wie eine Bombe, es fällte das Todesurteil über die gewöhnliche Gesellschaftsmoral«, berichtet der *Ibsen*-Biograph *Halvdan Koht*. Nora ist zwar nicht die erste literarische Gestalt, die ihren Mann verläßt, doch sie ist mit Sicherheit die psychologisch am genauesten gezeichnete, und sie tritt zu einer Zeit auf die Bühne, in der das Bürgertum sich satt und selbstzufrieden zurücklehnt, da die Welt mittlerweile scheinbar geregelt ist und in – vom Mann – geordneten Bahnen verläuft. Die Revolution, die Nora verursacht, greift dem, was später durch die Frauenbewegung geschehen wird, weit voraus. Anders aber als *Prosper Mérimées* »Carmen«, die die radikale Freiheit will und deretwegen auch den Tod in Kauf nimmt (»José«, antwortete sie, »du verlangst von mir das Unmögliche. Ich liebe dich nicht mehr; du aber, du liebst mich noch, und deshalb willst du mich töten. Ich könnte dir wohl noch irgendeine Lüge vormachen, aber ich will mir keine Mühe geben. Alles ist aus zwischen uns. Als mein *rom* hast du das Recht, deine *romi* zu töten – aber Carmen wird immer frei sein! Als *calli* ist sie geboren, als *calli* wird sie sterben.«), durchschaut Nora plötzlich das Spiel des Ehemannes, der sich durch seinen ihn noch immer beherrschenden Machtanspruch (»Jetzt kommt die Erziehung«) vor Nora als der offenbart, der er ist und bleiben wird: ein dummer Mächtiger. *Deshalb wird er verlassen. Er lehnt es zwar ab, an sein Verlassensein zu glauben, dennoch wird er verlassen, leidet und hofft gleich-*

zeitig (»Darf ich dir schreiben, Nora?«). *Dann versucht er, seine Frau wiederzugewinnen.*

Helmer Nora, – werd' ich für dich niemals mehr als ein Fremder sein können?
Nora (nimmt ihre Reisetasche): Ach, Torvald, dann müßte das Wunderbarste geschehen. –
Helmer Nenn mir dieses Wunderbarste!
Nora Dann müßten wir beide, du und ich, uns so verwandeln, daß – ach, Torvald, ich glaub' nicht mehr an irgendwas Wunderbares.
Helmer Aber ich will daran glauben. Nenn es! Uns so verwandeln, daß –?
Nora Daß ein Zusammenleben zwischen uns beiden eine Ehe werden könnte. Leb wohl. (Sie geht durchs Vorzimmer hinaus.)
Helmer (sinkt auf einen Stuhl neben der Tür und schlägt die Hände vors Gesicht): Nora! Nora! (Sieht sich um und steht auf): Leer. Sie ist nicht mehr da. (Eine Hoffnung schießt in ihm empor): Das Wunderbarste –?! (Von unten hört man das Dröhnen einer Tür, die zugeschlagen wird.)[3]

Was bei Carmen das »Unmögliche« ist, heißt bei Nora das »Wunderbarste«, wobei der Superlativ schon deutlich macht, daß dieses Geschehnis so wunder-bar wäre, daß es aufgrund seiner Seltenheit wohl nicht eintreten wird. Helmer erkennt dies unbewußt, dennoch *klammert er sich an die Hoffnung, weil er einen Ausweg aus seinem Leid sucht.*
Es gibt kaum einen Mann, der nicht das imaginäre

»Wunderbarste« ersehnen würde, vorzugsweise dann, wenn er verlassen wurde. Trotz dieses Glaubens aber *leidet er und versucht, den Leidensdruck abzubauen*, indem er sich in ein Übermaß an Arbeit stürzt, trinkt, sich mit gelegentlichem Sex vergnügt (wobei es ihm nicht um die Partnerin, sondern allein um die Selbstbestätigung geht) oder Ablenkungen aller Art sucht. Der Dialog mit der Geliebten ist abgerissen – nun wächst der innere Monolog, der sich vor allem um Schuldzuweisungen an die Frau dreht. Irgendwann *gewöhnt sich der Mann an die Hoffnung* auf das »Wunderbarste«, und er *beginnt sie zu ritualisieren* – genauso wie er anfänglich das Fallenstellen verinnerlicht hat.
Ein weiteres literarisches Zeugnis für diesen erschrekkenden inneren Vorgang liefert der Dichter *Franz Grillparzer*. In seinem 1827 entstandenen Gedicht »Trennung« schreibt er, nachdem acht Strophen lang die Begegnung und der Abschied von der Geliebten geschildert wurden:

Du bist nun frei, und doch nicht ungebunden,
Denn eines ist, was nimmer dich entläßt:
Erinnerung der letztverfloßnen Stunden,
Und halt sie immer nur im Herzen fest.

Denn wie du jetzt bemühst dich, halb vergebens,
Zu malen dir dies Band als schwere Last,
Es bleibt denn doch die Krone deines Lebens,
Für alle Zeit das Beste, was du hast.

Das Leid treibt den Dichter so weit, in einer Art Prophetie vorauszusagen, daß der Angebeteten niemals wieder solches Glück widerfahren werde, wie *er* es mit ihr erlebte, worin er impliziert, daß es für »sie« ebenso war. In einer Wahnvorstellung weiß das gekränkte (und deshalb kranke) Ich sogar, daß der Begegnung mit ihm nichts Besseres nachfolgen wird, da es selbst ja schon das Beste, das es gibt, ist. Und es klingt fast nach schwarzer Magie, wenn *Grillparzer* fortfährt:

Du wirst dein Herz zu dem, zu jenem neigen,
Doch wie er fühlt, und was er sich vermißt,
Wird er dir doch zuletzt den Abstand zeigen,
Der zwischen ihm und mir befestigt ist.

Und immer wird's dich wieder übereilen,
So oft Zerstreuung der Besinnung weicht,
Wenn man mich nennt, bei jeder meiner Zeilen
Denkst du: er war's! Verlor ich ihn so leicht?

Und sollt' es einst dir ganz vergessen scheinen,
Dann ist's das Zeichen einer furchtbarn Zeit;
Du bist umstellt vom Niedern und Gemeinen,
Dann hat es dich, dann bist du ihm geweiht.

Und selber dann noch, suchend, spät im Schranke,
Halb achtlos, müßig, ſündest du dies Blatt,
Und plötzlich stünd' er vor dir, der Gedanke
An das, was war und ist an seiner Statt.

Voller Stolz spielt *Grillparzer* noch die eingebildete Sonderstellung des Dichters in der Welt aus, dem kein Mann auch nur annähernd gleichen kann, weshalb es ihm um so schwerer fällt zu begreifen, daß ausgerechnet er verlassen wurde und er sich darum auch in ein Gefühl der vorweggenommenen Eifersucht versetzt, die eine Dummheit der Frau voraussetzt, da diese offenbar nicht einsehen will, daß so außergewöhnlich wie der Dichter kein Mann auf Erden sein kann; somit fällt es ihm noch schwerer anzuerkennen, daß die Liebe von seiten der Frau beendet wurde – ein Vorgang, der sich in den Herzen vieler Literaten abspielt: durch ihn werden sie zwar erst zu wirklichen Dichtern, aber oft auch für den Rest ihres Lebens unglücklich, was *Peter von Matt* in seiner Untersuchung über den Liebesverrat am Beispiel *Mörikes* nachvollzogen hat. Es folgen drei Strophen weiterer düsterer Vorahnungen, die das kommende Alter der Geliebten betreffen, und *Grillparzer* schließt mit den Versen:

Und weinend – Doch wozu uns jetzt erweichen?
Der Augenblick scheint viel, die Zukunft hohl,
Laß uns die Hand zum letzten Abschied reichen,
Und so, für alle Zukunft, lebe wohl.

Das lyrische Ich lügt sich nun eine gewisse Gleichgültigkeit vor; *dennoch hat es begonnen, über seine Chancenlosigkeit nachzudenken, obwohl es ganz offensichtlich die Gründe dafür nicht begreift und deshalb Gefahr läuft, bei der nächsten Begegnung mit einer Frau denselben Mechanismen zu erliegen.*
Was *Grillparzer* hier ausspricht, wohl um sich selbst von seinem Schmerz zu befreien, ist exakt jenes Psychogramm des verlassenen Mannes, in dem Hoffnung und

Schmerz untrennbar miteinander verknüpft sind. Der Trennungsschmerz belebt, wie *Horst Petri* so überzeugend aufgewiesen hat, den Urschmerz der Trennung des Kindes von der Mutter neu als archetypische Erfahrung. Das Zerschneiden der Nabelschnur symbolisiert den Urschmerz, in der Erkenntnis, allein zu sein. Mit jeder Trennung wird dieser Urschmerz wiederholt. In seiner Analyse des Verlassens und des Verlassen-Werdens schreibt *Petri* deshalb:

»Nicht umsonst ist die Nabelschnur ein Symbol von Bindung und Trennung. Das Gefühl, nach einer Trennung »entwurzelt« zu sein, drückt den Verlust von Erdreich, von Mutterboden aus, der mit der Geburt verlorengeht.«[4] Petri beschreibt nun die physiologische Einmaligkeit der Nabelschnur als einen Stamm mit zwei Wurzelenden, von denen das eine im Kind, das andere in der Mutter verankert ist. »Wenn wir im übertragenen Sinne von der Einheit zweier Partner sprechen, ist dabei nicht weniger gemeint, als daß beide ihre Gefühlswurzeln im anderen verankert haben und der Austausch der Gefühle nicht zufällig am stärksten über die Berührung und Verschmelzung der Körper erfolgt: über die Hände (zwei ineinandergreifende Wurzeln), über den Kuß und den Coitus.«[4] Für Petri wird so die höchste Stufe der Einheit von zwei Menschen erreicht. »Die Trennung zerschneidet nun das Band, und – das ist das Entsetzen – beide Partner müssen ihre Gefühlswurzeln aus dem anderen herausreißen und gleichzeitig den Schmerz ertragen, daß auch der andere *seine* Wurzeln herauszieht. Dieser doppelte Verlust ist für den Verlassenen sehr viel schmerzvoller, weil wir davon ausgehen, daß seine Gefühle noch lebendiger und stärker sind als beim anderen.«[4]

Der verlassene *Mensch* erlebt also in der Trennung noch einmal das Urtrauma seiner Geburt. Deshalb *kann* er das Bewußtsein, erneut verlassen worden zu sein, nicht akzeptieren, deshalb *kann* er die Hoffnung nicht aufgeben, daß die Einheit mit der Mutter in Gestalt der Einheit mit der/dem Geliebten eines Tages zurückkehrt. Wenn aber *jeder Trennungsschmerz* dieses Schema trägt, dann ist *jedes Bindungsglück* nur die andere Seite davon, nämlich die Freude über die unbewußt wiedergewonnene Einheit mit der Mutter. Und wenn »Mutter« mit Erde bzw. Welt identifiziert wird, dann handelt es sich beim Bindungsglück um die Erfahrung des Glücks über die wiederhergestellte Einheit mit der Natur, deren Teil der Mensch ist. Man sollte deshalb bei den Überlegungen zur Tragik der Trennung nicht die noch viel tiefer reichende Tatsache übersehen, daß in jeder Trennung von Mann und Frau nicht nur die Trennung von Kind und Mutter, sondern auch von Natur und Geschöpf nachvollzogen und deshalb als dreifach schmerzhaft erlebt wird.

Die Furcht vor dem Tod und die damit verbundene Todestabuisierung entspringen derselben Trennungstragik. Sobald der Mensch den Tod als die letzte, größte und unabwendbare Trennung begreift, als Trennung vom Leben, sobald er weiß, daß er den unabdingbaren Abschied, das endgültige Scheiden von der Welt bedeutet, kann er diese Tatsache nur noch als Verlust interpretieren. Wäre er bereit, jede Trennung als Gewinn von Freiheit, als Chance mehr zu begreifen aufzufassen, so

gelänge es ihm, sein Dasein in der *Einheit* von Leben und Tod zu führen. Mit diesem Schritt würde er auch das fortwährende, lebensimmanente Abschiednehmen akzeptieren, und er könnte Veränderungen, Trennungen transzendieren, akzeptieren und sie als sinnvoll, als zum Weltprozeß gehörend, leben.
Liebende dürfen eine Trennung nie ausschließen, auch wenn sie »ein Leben lang« zusammenbleiben, obgleich der Schmerz über den Verlust eines Partners durch Tod ein anderer Schmerz ist als der über den Verlust des Geliebten durch Trennung. Der Tote ist unwiederbringlich fort. Der Verlassen*de* aber lebt weiter, und er wird neue Partner finden, wohingegen der Verlassene diese Möglichkeit für sich zunächst noch ausschließt. Seine Reaktion ähnelt in vielen Fällen einem »Triumph des Bösen«, denn er ist besessen von:

1. *Eifersucht* (sobald er den ehemaligen Partner mit einem neuen sieht bzw. sich diese Situation vorstellt);

2. *Mißgunst* (er gesteht dem alten Partner ein neues Glück nicht zu: »So gut wie mit mir kann sie/er es gar nicht haben«);

3. *Neid* (vor allem Sexualneid); und

4. *Schadenfreude* (eingebildet und vorweggenommen: »Na, mit dem/der wird sie/er bestimmt nicht glücklich. Eines Tages wird sie/er sich wieder besinnen und zu mir zurückkehren wollen, denn Besseres als mich kann sie/er nicht finden. Hoffentlich geht es ihr/ihm bald schlecht und sie/er sieht ihren/seinen Fehler ein.«).

Alle vier Faktoren offenbaren Schmerz, der über solche Umwege gelindert werden soll, doch in Wirklichkeit nur zu noch größerem Schmerz führt.

Emanzipations-Vorsprung: Weshalb der Mann die Frau (noch) nicht verstehen kann

Die Tatsache, daß Mann und Frau ganz offensichtliche Kommunikationsprobleme haben, darf nicht zu der Annahme verführen, ein generelles Verständnis unter den Geschlechtern sei unmöglich. Vielmehr verhält es sich so, daß – wie der Erbbiologe *Rainer Kussmann* erläutert – das Partnerschaftsschema von Frauen genetisch weiterentwickelt ist. »Sie tragen der stammesgeschichtlichen Entwicklung Rechnung, daß Körperlichkeit gegenüber geistigen Werten an Bedeutung verloren hat. Der Durchschnittsmann hat diesen Schritt noch nicht vollzogen.« Diese Entdeckung ist von größter Wichtigkeit, und sie ist nicht nur in Europa zu konstatieren. Beinahe schon weltweit zeigt sich, daß plumpe Körperbezogenheit und mit ihr jede Form plumper Sexualität einer geistigen Weiterentwicklung Platz macht, wobei dies *nicht* ein Resultat der Aids-Angst und des westlichen Experimentes mit einer fernöstlichen Erotik, wie wir sie im Tantra und Tao der Liebe finden, ist, sondern offenbar auf ein tatsächliches evolutionäres Vorwärtsschreiten zurückzuführen ist. Die aus dem Fernen Osten überlieferte Liebeslehre legt in ihrer tiefgründigsten Deutung zudem dar, daß die Identifizierung von Mann = Geist und Frau = Materie nicht gültig ist.
Der Mann beginnt zu ahnen, daß jede Form des dualen Denkens und Handelns an der Wirklichkeit vorbeiläuft, da Geist und Materie eine Einheit bilden. Die Frau ist dieser Einheit näher als der Mann, da er die Trennung von beidem mit der Errichtung des Patriarchats verur-

sacht hat. Die Frau erkennt intuitiv, daß die Welt *nicht* dual, sondern ganzheitlich, holistisch funktioniert, und lebt stets in dem Bewußtsein, daß ihre Gebärfähigkeit letztlich der Schlüssel zu einer tiefen Verbundenheit mit allem Natürlichen ist. Der Mann setzt an dessen Stelle die von ihm entwickelte Logik, die schließlich zu der Behauptung führte, Frauen würden mehr fühlen als denken. Nachdem sich allerdings gezeigt hat, wohin abstraktes Denken führt, spürt nun auch der Mann, daß ihm das Fühlen, das intuitive Erfassen der Welt, abhanden gekommen ist. Er versucht – zumindest ansatzweise –, dem abgehobenen Denken weniger Platz einzuräumen. Die Frau aber hat durch ihre Emanzipation einen Vorsprung an Bewußtseinsschärfung (nicht zu verwechseln mit verschärftem Denken!). Der Mann dagegen blieb orientierungslos, sei es, weil er sich von althergebrachten Werten nicht lösen konnte oder weil ihm die Fähigkeit fehlte, sich auf neue Entwicklungen einlassen zu können. In dem vorher beschriebenen Prozeß der Ritualisierung der Hoffnung und der Uneinsichtigkeit in seine Chancenlosigkeit zeigt vor allem der *verlassene* Mann seine Unfähigkeit, die Absichten und Handlungsweisen der Frau zu verstehen und nachzuvollziehen. Nicht selten erwächst aus dieser Unfähigkeit ein Wahn, der in seiner Struktur pathologisch ist: Peter z. B., der von seiner Freundin nach zweijähriger Beziehung verlassen wurde, geriet dadurch in einen Zustand der hochgradigen Sensibilisierung, so daß er auf gewisse Farben nur noch extrem reagieren konnte. Sah er irgendwo ein dunkelblaues Auto, hielt er es für den Wagen seiner Ex-Freundin; nahm er auf der Straße oder beim Einkaufen brünettes, gelocktes Haar wahr, zuckte er zusammen, bekam Schweißausbrüche und hielt die Trägerin für seine »Verflossene«; entdeckte er im Schaufenster eines Warenhauses eierschalene Bettwäsche, mußte er an »ihr« Bett denken und antwortete mit einer Spontan-Erektion; lief ihm ein weißer Scotchterrier entgegen, hielt er ihn für »ihren« Hund und sah in ihm ein »Zeichen«, daß doch noch nicht alles vorbei sei.

Andreas, ein anderer »Fall«, wartete, nachdem ihn seine Freundin nach einem Jahr verlassen hatte, ständig auf einen Anruf von ihr. Selbst ins Badezimmer nahm er den Apparat mit. Er verließ vorzeitig Veranstaltungen, um auf jeden Fall zu Hause zu sein, wenn »sie« anriefe. Er bildete sich ein zu spüren, daß und wie sie an ihn dachte. Er grübelte über seine verpaßten Möglichkeiten. Für andere Frauen war er blockiert. Er war zu stolz, um selbst anzurufen. Schließlich war die »Bringschuld« auf »ihrer« Seite. So blieb ihm ein Telephontrauma, und jedesmal, wenn das Telephon in seiner Wohnung läutete, zuckte er unwillkürlich zusammen, da er meinte, »sie« sei endlich soweit, ihn um Verzeihung zu bitten.

Derartige Hypersensibilisierung findet sich oft bei verlassenen Männern. Sie ist in den meisten Fällen nicht krankhaft, sondern ein natürlicher Vorgang, durch den sich der verlassene Mann in die vergangenen Zeiten zurücksehnt. Dennoch lauert hier eine gewisse Gefahr: Denn bleibt der Mann über einen längeren Zeitraum in dieser Verfassung, verschließt er sich, durch seine Unfähigkeit zu begreifen, sämtlichen Möglichkeiten einer offenen Begegnung mit einem »neuen« Menschen, und er wird die nächste Beziehung mit einer Frau eingehen, die typologisch der vorhergegangenen zumindest äußerlich ähnelt: Haar- und Augenfarbe, Körperbau und Gangart dieser Frau erinnern ihn unbewußt so stark an seine vergangene Liebe, daß er das Gefühl, das ihm zuvor Glück bescherte, mit der neuen Begegnung wieder zurückhaben möchte. Dabei wiederholt der verlassene Mann ein psychisches Schema, das aus seiner Kindheit stammt: »In der Liebe sucht man das, was das Unbewußte im ersten frühkindlichen Eindruck als befriedigend erlebt hat«, sagt *Ernest Borneman*. Sind diese Eindrücke aber negativ belegt, bleibt die psychische Konditionierung so lange bestehen, bis sich das Ich durch eigene Kraft oder fremde Hilfe zur Überwindung der dunklen Bilderwelt durchgerungen hat. Dennoch kann es von diesen ersten Eindrücken nie ganz loskommen, und es ist um so gefangener, je freier es sich wähnt. Das Problem ist – zumindest teilweise – erst dann gelöst, wenn es nicht mehr *als* Problem aufgefaßt wird, wenn sich der verlassene Mann nicht mehr als ein verlassener begreift, sondern seine letzte Liebe als Lebensabschnittspartnerschaft auffaßt, die sowohl in ihrem Anfang wie auch in ihrem Ende sinnvoll war, da beide Partner zu dieser Zeit einen Entwicklungsabschnitt durchlebten, der ihre Gemeinsamkeit und ihr Zusammensein rechtfertigte. Entwickelt sich aber einer der beiden Partner weiter und bleibt der andere hinter dieser Entwicklung zurück, und will oder kann die Veränderungen des anderen nicht mitvollziehen, steht notgedrungen eine Trennung bevor – in der

Beziehung zweier Menschen wie in der Beziehung zwischen Mann und Frau an sich. Der Emanzipations-Vorsprung, den die Frau erworben hat, darf nicht dazu führen, daß sich die Geschlechter völlig auseinanderleben. Es ist nicht die Aufgabe der Frau, wieder einige Schritte zurückzugehen, es ist die Aufgabe des Mannes, die Ebene, auf der die Frau sich gegenwärtig befindet, zu erreichen, um mit der Frau gemeinsam den Weg weiterzugehen.

Von »allen guten Geistern« verlassen

Ist alls zu End das Freudenmahl
Und alle fort aus meinem Saal?
Bleibt mir keine andere Hilfe dann,
Bin ich denn ein verlorner Mann?
Und ganz alleinig auf der Welt,
Ist es schon so um mich bestellt?

Was *Hugo von Hofmannsthal* hier in seinem »Jedermann« beschreibt, ist die klagende Frage eines Mannes, der hochmütig sein Leben lang nur seiner Herrschaft über andere frönte. Doch gerade im Moment seines größten Triumphes, den er mit seinen Freunden und Verwandten feiern will, tritt der Tod auf die Bühne und fordert seinen Tribut. Schlagartig verlassen alle, die *Jedermann* um sich geschart hat, die Szenerie, und er steht allein da. Alle haben erkannt, daß das Leben des *Jedermann* bald ein jähes Ende finden wird. *Jeder-*

mann hat seinen Status in der Gesellschaft durch »Fallenstellen« erlangt – jetzt stolpert er in die eigene Falle.
Max Reinhardt, der *Hofmannsthal* zur Neubearbeitung des barocken Mysterienspiels »Everyman« veranlaßte und der die Erstaufführung auf dem Salzburger Domplatz 1920 inszenierte, beschreibt selbst die immerwährende Aktualität des Stückes: »Was dem Jedermann zustößt, das ist unser Alltag geworden. Daß der reiche Mann sterben muß, daß er sein Geld verliert, seine Frau, die er liebt, daß seine Freunde ihn verlassen, seine Verwandten sich von ihm abwenden, das sind Ereignisse unseres täglichen Lebens.«
Jedermann ist nach wie vor das beste Sinnbild für »jeden Mann«, für den Mann an sich. Für den heutigen Mann aber gilt sein Schicksal in noch erschreckenderem Maße. Denn dieser, der sich reich an materiellen, scheinbar unvergänglichen Werten fühlt, spürt mit einem Mal, daß alles, worauf er seine Welt aufgebaut hatte, vom Einsturz bedroht ist: Die Welt der Kindheit hat er schon lange verloren, sein Helden-Ideal zählt überhaupt nicht mehr, seine Entscheidungsmacht ist in Frage gestellt. Das Vorbild des Vaters, nach dem er bislang lebte, wankt ebenso wie die Autorität, mit der er sich und seine Ziele bisher durchsetzte.
Bin ich denn ein verlorner Mann ... und ganz allein auf der Welt? fragt auch der moderne Mann aus Angst vor der sich nun ausbreitenden inneren Leere. Er muß einsehen, daß es sich tatsächlich so verhält. Es wird ihm keinerlei tradierte Orientierung mehr geboten, keine rettende Hand streckt sich ihm entgegen. Sein bisheriges Mann-Sein in der Welt hat versagt, er ist ohne

Macht, also im-potent. Die Welt entwickelte sich an ihm vorbei, und er begreift allmählich, daß jede Anstrengung, den alten Zustand wieder herbeizuführen, vergebens sein wird. Es steht schlecht um ihn, er weiß nicht mehr wohin, er hat kein Ziel mehr, für das er sich zu kämpfen getraute. Daß er in einen historischen Entwicklungsprozeß eingebunden ist, der auch eine Verhaltensänderung von männlicher Seite erfordert, erkennt er zwar, doch er ist (noch) nicht fähig, den richtigen Weg zu finden.

Was sich hier im »Großen« abspielt, findet sein Spiegelbild im »Kleinen«, d. h. in der traditionellen Paarbeziehung, die in der Auflösung begriffen ist. Die Vorstellung der romantischen, auf Dauer ausgerichteten Liebe zerbröckelt, das lebenslange Liebesideal verschwindet zusehends, Partnerschaften wandeln sich zu »Lebensabschnittspartnerschaften«, in denen mehr und mehr die Frau die Dauer der Beziehung bestimmt. »Bis daß der Tod euch scheide« erscheint angesichts einer verlängerten durchschnittlichen Lebenserwartung (um 1900: 46 Jahre; 1986 Männer 70, Frauen 76 Jahre; Tendenz steigend) als hohle Floskel. Der Mann muß von der Vorstellung Abschied nehmen, eine Frau ein Leben lang an sich binden zu können. Mit der Auflösung von Ehe und Partnerschaft geht aber auch die Auflösung überkommener Lebensstrukturen einher; auch an diese Tatsache muß der Mann sich erst noch gewöhnen. Der gesellschaftliche Umbruch, der alle Teile des Lebens betrifft, ist ihm jedoch ein solcher Schrecken, daß er sich nun – wie der *Jedermann* – als einer begreift, der völlig auf sich selbst zurückgeworfen ist. Da er auch in der Religion keinen Halt mehr findet, ist er gänzlich überfordert und sucht krampfhaft nach Auswegen, nicht aber nach *Gründen*. Er weiß weder, wohin sein Weg führt, noch warum er seine Richtung verloren hat. Nicht durch Flucht, sondern durch selbstkritische Analyse kommt er zu Antworten – was jedoch Zeit, Ruhe, Konzentration und ein realistisches Innehalten erfordert. Würde der Mann nun die Gründe erkennen, so könnte er leicht einsehen, daß sein grundsätzliches Verlassensein von ihm selbst herbeigeführt wurde. Er trägt also die alleinige Verantwortung für seinen Zustand, und er kann diese nicht auf Dinge, Umstände oder gar andere Menschen übertragen. Von »allen guten Geistern« verlassen, hat er sein Verlassensein selbst herausgefordert. Nun liegt es an ihm, diese »Geister« zurückzuholen. Und wie geht er dabei vor? Blind, wie programmiert, versucht er erneut, Fallen zu stellen, da er nicht begreifen will, daß er gerade wegen dieser Fallen verlassen wurde. *Der Mann verfängt sich in der Falle, die er eigentlich für die Frau* (aber auch für die Gesellschaft) *errichtet hatte*. Der Gerechtigkeit halber darf hier nicht unerwähnt bleiben, daß auch die Frau und die Gesellschaft dem Mann Fallen stellen. Hier gilt aber die Einschränkung, daß sie ursprünglich vom Mann dazu veranlaßt werden, diesen Schritt zu unternehmen. Eine Frau etwa, die mit ihren sogenannten weiblichen Waffen (!) etwas bei Männern erreichen möchte, setzt diese nicht ein, weil das ihrem Wesen entspricht, sondern weil sie das Muster, das ihr über Generationen vorgelebt wurde, unbewußt – im Zuge der »Ahmung« – übernimmt. Dies ist der Grund, weshalb sich die Falle für die

Frau als Falle für den Mann entpuppt. Der Kreis beginnt sich zu schließen.

Die vorzeitige Auflösung von Partnerschaft und Familie

Wir leben heute im Zeitalter der *Sicherheits-Bindung*! Wenn es kritisch wird, geht sie auf. Deshalb ist es fraglich, ob es im 20. Jahrhundert noch klassisch Liebende geben kann. Der Trend zur Singularisierung jedenfalls läßt das höchstens noch in Ausnahmefällen zu. Der Mann, der unter der Auflösung von Partnerschaft und Familie leidet, ist letztlich selbst die Ursache seines Kummers. Er verfällt deshalb angesichts einer konkreten Trennung in Depressionen, neigt zu überhöhtem Alkoholkonsum, verliert seinen Mut, quält sich und andere mit Wutausbrüchen, droht mit Selbstmord und baut körperlich und geistig ab. Sollte die Frau an seinem Zustand schuld sein? Jene Frau, die ging, weil sie das Denken und Handeln des Mannes nicht länger ertragen konnte? Jene Frau, die der Mann mit Geschenken überhäufte und die ihn nun »als Dank dafür« verläßt? Der Mann ist oft nicht fähig, überhaupt eine Form der Schuld bei sich auszumachen, er neigt reflexhaft dazu, die Frau zu verteufeln und für unmündig zu erklären. Er beginnt, seine einstige »bessere Hälfte« zu hassen oder abzuwerten (»Weiber!«). Wenn er zudem noch erfährt, daß geschiedene Männer wesentlich früher sterben als geschiedene

Frauen, verfällt er gänzlich dem Selbstmitleid und meint, das Leben habe sich nun für immer von ihm abgewendet. Die Trauer des verlassenen Mannes, dem Partner oder Familie entgleiten, ist nach aller Erfahrung deprimierender als die einer Frau, der dasselbe widerfährt. Weil unsere Welt auf gegengeschlechtlicher Liebe aufgebaut ist, bedeutet das Zerschneiden der Nabelschnur ein gravierenderes Trennungstrauma beim Jungen als beim Mädchen.

Der Mann ist an konkrete Trauer nicht gewöhnt, da es immer als »unmännlich« galt, diese zuzulassen oder gar zu zeigen. Sein Gefühlshaushalt ist so konstruiert, daß bei einem Ereignis von so großer Tragweite, wie es das Verlassenwerden darstellt, der Mann mit seinem Leid nicht mehr umgehen kann. Wenn ein Mann wirklich leidet, wandelt er sich vom allmächtigen Krisenmanager, der scheinbar jede Situation in den Griff bekommt, zum sentimentalen »Häufchen Elend«, das zusammengekauert unbewußt den Schutz der Mutter sucht. Da diese aber nicht mehr zur Verfügung steht – auch nicht in der Gestalt der Partnerin, Freundin oder Ehefrau –, ist er vollkommen auf sich zurückgeworfen – auf einen Menschen also, den er gar nicht kennt. Denn sein Tatendrang hat ihn von Anfang an von einer Begegnung mit sich selbst abgehalten. Nun ist er mit seiner inneren Leere konfrontiert, die ihn der Weltuntergangsstimmung des »Horror vacui« nahebringt. Was soll er in solch einer Situation tun? Wo anfangen? Es bleibt ihm – wie bekannt – die Hoffnung, die er zu ritualisieren beginnt. Natürlich lehnt er es nicht vollständig ab, über die Gründe des Scheiterns seiner Liebe nachzudenken.

In gewissen Punkten mag er sich eine Teilschuld zugestehen, doch grundsätzlich seine Haltung in Frage zu stellen, kommt ihm nicht in den Sinn, zumal er in dem Bewußtsein erzogen wurde, daß der Mann nicht nur alles macht, sondern auch alles *richtig* macht. Es bleiben dem verlassenen Mann nur Versprechungen und Beteuerungen, er würde sich ändern, entweder damit die verlorene Geliebte zu ihm zurückkommt oder damit er die alten Fehler nicht noch einmal begeht. Es steht außer Frage, daß manchmal diese schlagartige Veränderung, gewissermaßen als eine 180-Grad-Drehung, gelingt. Die Trennung hat in diesem Fall tatsächlich eine erkenntnisorientierte und deshalb nachhaltige Veränderung bewirkt. Doch bei den meisten Männern bleibt dieser Gedanke nur ein Wunsch, der spätestens nach der Rückkehr des geliebten Menschen bzw. dem Beginn einer neuen Beziehung wieder vergessen wird. Die Gründe für das Fehlverhalten werden dann in den »Sachzwängen« des harten Berufslebens gesucht, statt sie der eigenen psychischen Unfähigkeit zu reifen zuzuschreiben. Es kommt nicht von ungefähr, daß schon vor mehr als 3000 Jahren das Orakel von Delphi durch die Priesterin, also die *Frau* Pythia forderte: »Erkenne dich selbst.« Auch der Mann des ausgehenden 20. Jahrhunderts verfügt noch nicht über genügend Selbsterkenntnis.

In jeder Auflösung von Partnerschaft und Familie verliert der Mann wichtige Strukturen seines Lebens, einen zentralen Teil seines Lebensinhalts und damit Lebenssinns. Er lebt nicht mehr, er vegetiert. Irgendwann lernt er aus seinen Fehlern, doch dieses Lernen zieht sich oftmals über Jahre hin, und erst spät beginnt der Mann zu ahnen, daß das Verlassenwerden von der Frau nötig war, um sich selbst finden zu können. Erst durch das Leid gelingt es ihm, sich zu individuieren.

Weshalb Frauen Männer verlassen

Dieses Thema läßt sich tiefergehend kaum erörtern, ohne die veränderte Stellung von Mann und Frau in der gegenwärtigen Gesellschaft zu betrachten, ohne also auf der Basis des bisher Gesagten die konkreten Voraussetzungen für Trennung zu beschreiben.

»Typisch Mann – typisch Frau«

Die Erziehung, die heute in vielen Fällen zwar weniger geschlechtsspezifisch ausfällt als in früheren Zeiten, hebt sicherlich nicht alle Differenzen im Verhalten von Mann und Frau auf, vor allem, weil sie nach wie vor keine echte Koedukation darstellt. Es gibt zudem Unterschiede im Denken und im Fühlen, die in der männlichen bzw. weiblichen Genstruktur fest verankert zu sein scheinen: die stärkere sprachliche Begabung der Frau (Mädchen beginnen früher zu sprechen); das bessere räumliche Verständnis beim Mann (gerade in Ingenieurberufen sind Männer noch immer überdurchschnittlich vertreten, während z. B. in einem anderen traditionell männlichen Fach, der Mathematik, die Frauen auf dem Vormarsch sind); ein größeres Bedürf-

nis nach Zärtlichkeit bei der Frau und ein heftigerer Bewegungsdrang sowie ein Hang zum Wettkampf beim Mann. Viele geschlechtsspezifische Unterschiede wurden über Jahrhunderte hinweg durch ungleiche Erziehung gefördert:
Das Mädchen fand unter dem Weihnachtsbaum eine Puppe oder eine Puppenküche, um auf seine Tätigkeit als Mutter und Hausfrau vorbereitet zu werden. Für den Jungen wäre das nicht in Frage gekommen, schließlich galt die Beschäftigung mit dem Haushalt als unmännlich. Der Junge bekam Steckenpferd und Degen zum Soldat-Spielen. Später war es dann das Auto oder die Eisenbahn, Berufsspielzeug also, das selbstverständlich ihm vorbehalten blieb; heute erhält er einen Kleincomputer, während das Mädchen mit einem Game*boy* vorliebnehmen muß.
Auch im Verhaltensbereich propagierte die Erziehung die Unterschiede:
Für den Jungen galt: Ein Junge bzw. Mann weint nicht; er verteidigt die Schwachen (die Frauen).
Für das Mädchen hieß es: Ein Mädchen macht sich nicht schmutzig, es sieht hübsch aus, es streitet nicht und versorgt andere.
In den meisten Fällen ist die Erziehung heute nicht mehr nur rollenspezifisch fixiert; doch die Festlegung auf einen bestimmten Habitus wird dennoch nur langsam abgebaut. Denn nicht allein die Erziehung bestimmt das Handeln des »typischen« Mannes oder der »typischen« Frau, sondern auch die Vorbildfunktion von Vater und Mutter. Bei diesen jedoch, selbst wenn sie bewußt an einer Angleichung der Geschlechterrol-

len arbeiten oder arbeiteten, ist die traditionelle Rollenvorgabe nach wie vor so verinnerlicht, daß sie sich nicht ad hoc umstellen läßt. Emanzipation ist nicht nur eine Frage des Willens, sondern auch ein langwieriger Prozeß des Aufbrechens alter Gewohnheiten und überkommener Anschauungen.
Dies hat zur Folge, daß sich das typisch männliche bzw. weibliche Verhalten nur relativ langsam abbaut und die Zahl der Trennungen nicht zurückgeht, sondern steigt, da Mann und Frau offenbar »bei Null« neu beginnen müssen. Der Zeitfaktor darf also bei allem gutgemeinten Anpassungsstreben nicht außer acht gelassen werden – gemäß der Formel: »Zeit ist Geduld der Liebe.«

Teilwandel

Die Frauenbewegung hat bewirkt, daß sich Frauen stärker ihrer Vorzüge, ihrer Möglichkeiten und ihrer Stärken bewußt wurden. Dadurch rüttelten sie an den über Jahrhunderte eingebürgerten Rechten der Männer.
Innerhalb der Gesellschaft, die zwar von Männern errichtet wurde, aber aus Männern *und* Frauen besteht, verändern sich nun die Parameter, so daß zumindest ein Teilwandel zu beobachten ist.
Mädchen haben die gleichen *Möglichkeiten*, eine gute Schulbildung zu erhalten wie Jungen. An den Universitäten studieren inzwischen fast genauso viele Frauen wie Männer; und es gibt immer mehr *Berufe*, die Frauen offenstehen – selbst in einigen ursprünglich

reinen Männerdomänen, wie z. B. der des Kfz-Mechanikers, sind mittlerweile auch Frauen zu finden. Das Selbstverständnis der Frau hat sich verändert und damit ihre Einstellung zum Mann, zur Partnerschaft, zur Ehe und zur Trennung. Ein solches Selbstverständnis fehlt dem »Übergangsmann«. Noch laboriert er an der Aufarbeitung der eigenen Vergangenheit. Noch stellt er sich dem großen Experiment, »Neuer Mann« zu werden, nur zögernd. Dennoch sind erste Anfänge seiner Bewußtwerdung zu konstatieren. Er weiß, daß er sich in einer Umbruchphase – individuell wie kollektiv – befindet. Mit Sorge und Neugier gleichermaßen achtet er nun auf das, was die Frau unternimmt.

Bund für ein ganzes Leben?

Früher galt die Ehe als eine geradezu unauflösliche Gemeinschaft. Die Chance bzw. die Gefahr, daß sie geschieden wird, ist heute dagegen größer denn je. In den siebziger Jahren wurden in den USA 40% aller Ehen aufgelöst, heute sind es 60%, in Deutschland (vor der Wiedervereinigung) 30% mit steigender Tendenz, wobei zu beachten ist, daß hier nur die gerichtlichen Scheidungen aufgeführt sind. Wie viele Eheleute sich trennen, doch aus äußeren, z. B. wirtschaftlichen Gründen vor einer juristischen Scheidung zurückschrecken, läßt sich statistisch nicht erfassen. Ebensowenig läßt sich sagen, wie viele Trennungen es bei sogenannten »eheähnlichen Gemeinschaften« oder Freundschaften zwischen Menschen, die nicht zusammenleben, gibt. Doch man nimmt an, daß die »Dunkelziffer« extrem hoch ist. Die Gründe für eine Trennung in diesen Fällen sind aber sicher keine anderen als bei einer offiziell geschlossenen Ehe. Und je nach Dauer und Intensität der Verbindung wird die Trennung wohl auch nicht leichter und vor allem nicht leichtfertiger vollzogen werden.

Der Anstieg der Scheidungsrate ist – neben den persönlichen Gründen – einerseits darauf zurückzuführen, daß die Bewertung einer Scheidung durch die Gesellschaft nicht mehr nur negativ ausfällt; der Geschiedene ist längst kein »outcast« mehr. Auch die häufig gelockerte Bindung an die Kirchen dürfte den Gang zum Rechtsanwalt erleichtern. Andererseits trauen sich immer mehr Frauen zu, den ersten Schritt zu einer Trennung bzw. Scheidung zu unternehmen. Zur Erinnerung: 80% der Scheidungen gehen von der Frau aus.

Einige Familienrichter sehen in diesem neuen Phänomen auch eine Folge des veränderten Scheidungsrechts aus dem Jahre 1977, in dem nicht mehr das Schuld-, sondern das Zerrüttungsprinzip angewandt wird. Diese Änderung bedeutet eine gerechtere Scheidung mit deutlich positiven Auswirkungen für die Frau, deren Rechtsposition jetzt erheblich stärker abgesichert ist. Die ungerechtfertigte wirtschaftliche Bevorzugung des Mannes gehört damit der Vergangenheit an.

Seit dieser Eherechtsreform wird auch versucht, die Scheidung erst dann auszusprechen, wenn alle damit zusammenhängenden Fragen wie Unterhaltsverpflichtung, Sorgerecht für die Kinder etc. bereits geklärt sind. Muß denn Scheidung immer tragisch sein?

In zunehmendem Maß helfen heute Mediatoren oder Psychologen auch die emotionalen Verstrickungen aufzulösen, um eine Trennung in menschenwürdiger Form zu ermöglichen.

Auf Selbst-Erkundung

Die rechtliche Besserstellung ist aber nur ein geringer Fortschritt im Gegensatz zu der Entwicklung, die die Frau im allgemeinen in den letzten zwanzig bis dreißig Jahren vollzog.
So entfallen heute wesentliche Beweggründe, die Frauen früherer Zeiten dazu veranlaßten, auch in einer nichtfunktionierenden Ehe oder Beziehung auszuharren.
Heute sind viele Frauen nicht mehr allein auf die finanzielle Sicherheit, die ihnen die Ehe und das Einkommen des Mannes bieten, angewiesen; auch hängt die gesellschaftliche Stellung der Frau nicht mehr in gleichem Maße von der des Mannes ab, wie das noch vor fünfzig, vielleicht sogar vor zwanzig Jahren der Fall war. Frauen sind in ihrer Ausbildung oft den Männern gleichgestellt oder sogar überlegen. Sie sind in der Lage, sich eine führende Stellung auf dem Arbeitsmarkt zu erarbeiten. Gerade diese Unabhängigkeit aber bereitet vielen Männern Unbehagen. Für sie gilt auch heute noch das überlieferte Klischee, daß das Essen auf dem Tisch zu stehen habe, sobald sie nach Hause kommen, daß der Haushalt in Ordnung sein müsse und sich die Frau in erster Linie für sie schön zu machen habe. Daß

eine Frau ihr eigenes Leben führen will und nicht nur für den Haushalt verantwortlich sein möchte, ist für viele Männer prinzipiell zwar einsehbar (es leuchtet ihnen gelegentlich sogar ein, daß auch Frauen einen Beruf ausüben wollen), dennoch bleibt ihr Argument: »Meine Frau hat das nicht nötig, ich verdiene doch genug.« Es geht der Frau, die Jahre auf ihre Ausbildung verwendet hat, meist nicht nur um das Geld. Es kann eine Triebfeder sein, wenn der Mann die Tatsache, daß er das Geld verdient, als Machtinstrument verwendet. Doch die häufigere Motivation der Frauen ist folgende: »Ich habe eine Schulausbildung hinter mir, eine Berufsausbildung ebenso wie mein Mann, und nun soll ich im Haushalt versauern. Der Arbeitsmarkt ist so beschaffen, daß – ab einem gewissen Alter – kaum mehr Chancen bestehen, in einen Beruf neu einzusteigen oder auch auf qualifizierter Ebene wieder einzusteigen; also darf ich nicht zu lange warten. Jetzt oder nie!«

Höchstwahrscheinlich bemüht sich ein Ehemann zunächst, diese Bedürfnisse seiner Frau zu verstehen. Doch das ihm anerzogene Rollenverhalten sagt ihm, daß *er* der Ernährer der Familie zu sein hat. »Weshalb sollte meine Frau dazu gezwungen sein, eine Arbeit anzunehmen? Was werden die Kollegen dazu sagen? Von deren Frauen hat es doch auch keine nötig, zu arbeiten.« Somit steht hier, wie in vielen Fällen, in denen Ehen auseinandergehen, ein veraltetes Rollenverständnis im Mittelpunkt der Zerwürfnisse. »Ich, der Mann, bin der Ernährer meiner Familie, ich kann es nicht dulden, daß meine Frau außer Haus arbeitet.«

Daß dieses Problem nicht erst in unserer Zeit auftaucht,

zeigt *Henrik Ibsen* in seinem schon zitierten Schauspiel »Ein Puppenheim«. Dort heißt es:

Nora Was betrachtest du als meine heiligsten Pflichten?

Helmer Das muß ich dir erst noch sagen! Sind es nicht die Pflichten gegen deinen Mann und deine Kinder?

Nora Ich habe andere ebenso heilige Pflichten.

Helmer Das hast du nicht. Was für Pflichten sollten das wohl sein?

Nora Die Pflichten gegen mich.

Helmer Du bist in erster Linie Frau und Mutter.

Nora Daran glaub' ich nicht mehr. Ich glaube, daß ich in erster Linie ein Mensch bin, ich genausogut wie du, – oder jedenfalls, daß ich versuchen muß, es zu werden.[5]

Nora erkennt ihre Pflicht, Mensch zu werden – der Mann dagegen bleibt Mann (auch wenn Nora ihn für einen Menschen hält). Er ist von der »Menschwerdung« auch heute noch unermeßlich weit entfernt, obwohl er sich immerhin schon auf den Weg zu ihr gemacht hat.

Die Suche nach echter Partnerschaft

Früher war das Leben der Mädchen in erster Linie darauf ausgerichtet, einen Ehemann zu finden – möglichst einen in einer guten und gesicherten beruflichen und gesellschaftlichen Stellung. Der kleine Junge wurde daraufhin erzogen, daß er stark zu sein hatte, so daß er

sich später als Versager fühlen mußte, wenn er nicht in der Lage war, für eine Familie zu sorgen.
Heute haben sich hier die Vorzeichen verändert; Mädchen werden nicht mehr nur auf das »Einfangen« eines Ehemannes hin erzogen; Jungen müssen nicht mehr unbedingt nur Stärke zeigen. Mädchen und Jungen gehen – wie beschrieben – auf die gleichen Schulen, studieren; Männer und Frauen ergreifen in vielen Fällen die gleichen Berufe, obwohl eine tatsächliche *Chancengleichheit*, auch hinsichtlich des Verdienstes, noch längst nicht gegeben ist. *John Major*, der britische Premierminister, gibt zu bedenken: »Frauen müssen noch immer wie ein Springpferd mit gefesselten Vorderläufen durchs Berufsleben gehen.«
Frauen, die sich in einem Beruf bewähren und gewöhnt sind, dort partnerschaftlich mit Männern zusammenzuarbeiten, wünschen sich auch privat eine echte Partnerschaft. Eine, in der man die »Dinge des Lebens« konstruktiv miteinander bespricht und in der die Entscheidung nicht allein beim Mann liegt. (Bis vor kurzem war die Entscheidungsgewalt des Mannes, z.B. den Wohnsitz betreffend, sogar noch gesetzlich verankert.)
Eine Frau, die – ebenso wie der Mann – ganztags berufstätig ist, erwartet, daß nicht alle häuslichen Pflichten an ihr allein hängenbleiben. Doch da niemand seine Bequemlichkeit gern aufgibt, verharrt hier der Mann bei dem herkömmlichen Rollenbild.
Frauen berichten davon, wie sie immer wieder versucht haben, mit einer sinnvollen Aufteilung der Arbeit, mit einem Arbeitsplan, eine Gleichberechtigung zu schaffen, ohne daß es funktioniert hätte. Irgendwann führten

Nichtigkeiten, wie der nicht hinausgebrachte Abfall oder die Tatsache, daß »er« zum hundertsten Mal seine schmutzige Wäsche einfach in der Gegend hat herumliegen lassen, dazu, daß das »Faß überlief«. Die danach folgende Auseinandersetzung machte deutlich, daß es so nicht weitergehen könnte. Die Tatsache der mangelnden männlichen Mitarbeit im Haushalt offenbart auf tieferer Ebene eine mangelnde Achtung vor den beruflichen Fähigkeiten und Leistungen der Frau. Sie hat im Arbeitsleben gute Ideen, die von den mit ihr gemeinsam wirkenden Männern auch anerkannt und berücksichtigt werden, doch der eigene Mann findet an allem, was seine Frau sagt und empfiehlt, etwas auszusetzen. »Wenn du mich nicht zu schätzen weißt«, sagt sie dann, »gehe doch deinen eigenen Weg. Das mache ich nicht mehr mit.« Die Trennung steht bevor. Doch im Grunde wurde sie schon viel früher entschieden, es fehlte ihr nur noch der Vollzug.
Im beruflichen Bereich kennt man diese schrittweise sich vollziehende Ablösung der Zugehörigkeit als sogenannte »innere Kündigung«. Der Mitarbeiter ist zwar körperlich noch am Arbeitsplatz, »funktioniert« auch noch gemäß seinen Pflichten und Weisungen – mit dem Herzen aber ist er nicht mehr engagiert. Seine Solidarität mit den Unternehmenszielen ist abgestorben, seine Begeisterung für das gemeinsame Werk erloschen. Es ist nur eine Frage der Zeit, bis er zu einer anderen Firma wechselt oder sich selbständig macht – ähnlich wie die Partnerin, die einen anderen Mann findet oder lieber allein – selbständig – lebt, als sich täglich einer energieaufzehrenden Situation auszusetzen, in der sie mit je-

dem Atemzug spürt, daß sie sich selbst untreu ist und nur noch aus Angst vor dem radikalen Schluß bleibt. Solange sie diesen Selbstbetrug erkennt, hat sie eine Chance, die Situation zu verändern.

Gleiches Recht für alle

Wie selbstverständlich hat sich der Mann neben dem Familienleben ein »Privatleben« eingerichtet – und ebenso selbstverständlich erwartet er, daß seine Frau zu Hause »brav« auf ihn wartet. Doch im Rahmen einer echten Partnerschaft möchte eine emanzipierte Frau einen Teil ihres eigenen Lebens weiterleben. Auch sie hat einen Freundeskreis aus der Zeit vor ihrer Ehe bzw. ihrer festen Beziehung, und sie will diese Freundschaften nun weiterhin pflegen – und dies nicht nur in Gegenwart des Mannes, sondern auch allein. Weshalb sollte sie nach einer Eheschließung nur noch als Anhängsel des Mannes auftreten und kein eigenes Leben mehr haben? Z. B. läuft sie gern Ski, während es dem Mann keinen Spaß macht. Warum sollte sie also nicht mit Freunden einmal ein Wochenende oder wenigstens einen Tag beim Skifahren verbringen? Er widmet sich doch auch mit Freunden seinen Hobbys, für die sie sich beim besten Willen nicht begeistern kann. Dieses Mißverhältnis stört ihn; selbstverständlich hat sie sich auch für *seine* Unternehmungen zu interessieren. Daß er sich nicht bemüht, auf ihre Interessen einzugehen, fällt ihm dagegen nicht auf.

Nach ersten Auseinandersetzungen versuchen beide aufeinander einzugehen; man will sich darauf einigen, daß an den Tagen, an denen er seinen Vergnügungen nachgeht, sie ebenfalls mit Freunden weggeht und sich amüsiert. Seinen Bemerkungen aber ist immer wieder zu entnehmen, daß ihm diese Regelung nicht gefällt. Beim letzten Mal war doch tatsächlich *er* früher zu Hause als sie. Und überhaupt: Was werden die Nachbarn sagen, wenn sie sehen, daß jeder seine eigenen Wege geht? Denken sie nicht, mit der Ehe könnte etwas nicht mehr stimmen?

Auch in diesem Fall ist es eines Tages eine Kleinigkeit, die das Faß zum Überlaufen bringt und damit sehr viel tiefergehende Probleme der Beziehung an den Tag bringt. Es kommt zu einer Trennung, denn im Verlauf langer Diskussionen stellt die Frau fest, daß der Mann nicht akzeptiert, daß sie eine eigenständige Persönlichkeit ist – mit eigenen Interessen und mit eigenem Freundeskreis. Der Mann versucht ihr beides zu entziehen. Grund genug, ihn zu verlassen.

»Entweder deine Mutter oder ich«

Nicht nur die zunehmende Selbständigkeit der Frau, sondern auch die Unselbständigkeit des Mannes kann den Bestand einer Ehe, einer Beziehung in Gefahr bringen.

Dem Klischee entsprechend stellt sich manche Frau vor einer Heirat vor, anschließend ein eigenes »Heim« einzurichten, das sie nach ihrem Geschmack und natürlich auch nach dem ihres Mannes ausstatten kann. Ein böses Erwachen aus diesen Träumen gibt es, wenn die »praktische« Lösung bevorzugt wird: Die Eltern des Mannes haben ein großes Haus, in dem man leicht eine zweite Wohnung einrichten kann. Und wie gemütlich wird es erst, wenn man die Küche gemeinsam benutzt und sich beim Kochen helfen oder abwechseln kann! Sicherlich gibt es einige Fälle, in denen Schwiegermutter und -tochter sich so gut verstehen oder auch nur mit so viel Verständnis aufeinander eingehen, daß dies zu einer freundschaftlichen Beziehung führt. Doch im »Normalfall« möchte jeder seine eigenen Vorstellungen verwirklichen. Die Großfamilie früherer Zeiten, in denen das Zusammenleben mehrerer Generationen das Selbstverständliche – und aus wirtschaftlichen Gründen häufig auch das Notwendige – war, hat ausgedient, so daß heute die Kleinfamilie mit 1,38 Kindern Durchschnitt die »Keimzelle des Staates« bildet. Kommt es aber bei zusammenlebenden Familien in Fragen, die Kindererziehung, Arbeitsteilung, Urlaubspläne etc. betreffen, zu Auseinandersetzungen zwischen Schwiegermutter und -tochter, steht immer der Mann als Sohn dazwischen. Er will niemandem weh tun, möchte es allen recht machen; doch das läßt sich oft nicht bewerkstelligen. Auch wenn es ihm häufig gelungen ist, sich vor einer klaren Entscheidung zu drücken, irgendwann *muß* er sich zu *einer* Person bekennen. Dieses Bekenntnis ist letztlich nicht nur eine Sachentscheidung, sondern eine zwischen Mutter und Ehefrau.

Häufig wird es die Mutter sein, die den »Sieg« davon-

trägt, denn schließlich war der Mann es bislang gewöhnt, auf sie zu hören. Würde er großen Wert auf Selbständigkeit legen, wäre er gar nicht auf den Vorschlag eingegangen, wieder in das elterliche Haus einzuziehen. Die Mutter wird oftmals alles daransetzen, ihren Einfluß auf den Sohn zu behalten.
Die Frau beginnt sich deshalb irgendwann zu fragen, weshalb ihr Mann sie eigentlich geheiratet hat – er hat doch seine Mutter. Und irgendwann – auch bei einem sehr geduldigen Charakter – ist der Zeitpunkt erreicht, an dem die Frau den Mann vor die Alternative »Entweder deine Mutter oder ich!« stellt.

»Das eine«

Zu einem ganz wesentlichen Problem in einer Ehe kann sich die Sexualität entwickeln, einem der wichtigsten Verbindungspunkte zwischen den Partnern.
Auch hier gilt es, kurz das historisch gewachsene Verständnis (oder Mißverständnis?) zwischen den Geschlechterrollen zu betrachten. Lange Zeit war die Erziehung dahingehend ausgerichtet, daß ein Mädchen sich in acht nehmen sollte, denn der Mann wollte doch immer nur »das eine«. Es galt als selbstverständlich, daß ein Mädchen unberührt in die Ehe zu gehen hatte. Dies erwarteten die Gesellschaft und der zukünftige Ehemann von ihr. An Königshöfen war es Sitte, von einer offiziellen Kommission die Jungfräulichkeit der Auserwählten des zukünftigen Königs überprüfen zu

lassen. An den Mann hingegen stellte man andere Anforderungen. Natürlich hatte er schon Erfahrungen vor der Ehe zu machen – schließlich war er ein Mann. Doch die Frauen, bei denen er seine ersten Erfahrungen sammelte, kamen – auch wenn sie nicht zum Kreis der Prostituierten gehörten, sondern einfach jung und unschuldig in ein Abenteuer geraten waren – für eine Ehe nicht mehr in Frage. Das daraus resultierende Frauenbild, das über Jahrhunderte hin Bestand hatte und das in vielen südlichen Ländern auch heute noch gilt, ist trotz der vermeintlichen »Sexuellen Revolution« der sechziger Jahre immer noch nicht ganz verschwunden, so daß die Problematik und die divergierende Rollenzuschreibung nach wie vor bestehen und die Voraussetzungen für Trennungen bilden.

Physische Gegebenheiten

Allen sexuellen Revolten und der gesamten Frauenbefreiung zum Trotz bleiben jedoch gewisse Unterschiede in den Anlagen und den Bedürfnissen von Mann und Frau bestehen, die in der Biologie der Geschlechter begründet sind.

Die Tatsache, daß Männer einem stärkeren Druck ihres Sexualtriebes unterliegen, war allgemein zwar bekannt, wurde jedoch von der Frauenbewegung als ein Ergebnis der geschlechtsspezifischen Erziehung betrachtet. Man dachte, wenn den Frauen durch entsprechende Verhütungsmittel nur die Angst vor einer ungewollten

Schwangerschaft genommen würde, und wenn sich die Einstellung der Gesellschaft zu einer sexuell aktiven Frau geändert hätte, würden die Frauen eine ähnliche sexuelle Aktivität wie die Männer entwickeln. Doch die Erfahrungen der sechziger Jahre lieferten das Ergebnis, daß Frauen ihre größer gewordene sexuelle Freiheit nicht in dem Maße nutzten, wie es vielleicht zu erwarten gewesen wäre. Für viele bestand die Freiheit nun auch darin, allein zu leben. *Ekkehard Kloehn* führt in seinem Buch »Typisch weiblich? Typisch männlich?« die Erkenntnise eines Kongresses amerikanischer Sexualtherapeuten im Jahr 1978 an, die besagen, daß Frauen »statt nun die neue Freiheit zu nutzen, die einstmals nur Männern zugestandenen Seitensprungquoten einzuholen, mutiger wurden, wieder vermehrt von der Möglichkeit Gebrauch zu machen, nein zu sagen, wenn sie dem Drängen der Männer auf Sex nicht nachgeben wollten«.[6]

Auch der ins Extrem gesteigerte Sexualtrieb, der zu kriminellen Handlungen führt, ist ausschließlich bei Männern zu finden. Triebtäter sind immer Männer. Es gibt keine weiblichen Lustmörder – weder in früherer Zeit, in der die Frau ihre sexuellen Bedürfnisse nicht ausleben durfte, noch in Zeiten der sogenannten »Sexuellen Revolution«, in der ihr alle Möglichkeiten offenstanden. Zu vergewaltigen ist einer Frau aufgrund ihrer körperlichen Gegebenheiten unmöglich. Sie muß den Mann verführen, muß ihn erregen, damit es bei ihm zu einer Erektion kommt. Ohne sexuelle Erregung des Mannes ist es ihr nicht möglich, sich einen Mann zu »nehmen«. Die Vergewaltigung eines Mannes kann somit nur auf psychischer Ebene stattfinden.

Die Tatsache bleibt bestehen, daß bei aller Gleichberechtigung der Partner die Frau sexuell meist in der Position der Gebenden ist, während der Mann derjenige ist, der nimmt. Dies gibt der Frau in vielen Fällen ein Unterlegenheitsgefühl, durch das sie um so empfindlicher auf unsensibles männliches Verhalten reagiert.

Verschiedene Wege zum Höhepunkt

Aus dem vorhin zitierten Buch von *Ekkehard Kloehn* sollen hier noch einige Sätze zum unterschiedlichen Orgasmusverlauf bei Mann und Frau folgen:
»Die Erregungsphase zieht sich bei Frauen länger hin, der Pulsschlag bleibt längere Zeit leicht erhöht, um dann dramatisch von unter 100 Schlägen pro Minute auf 130 zur folgenden sogenannten Plateauphase emporzuschnellen.
Der Mann kommt schneller auf sein ›Plateau‹, das aber mit 120 Herzschlägen pro Minute niedriger liegt. Außerdem ist dessen Verlauf gleichmäßig, ebener, während das der Frau schon Sekunden nach Erreichen ihres Plateaus von orgiastischen Krämpfen geschüttelt werden kann. Dabei übertrifft die durch Blutstau im venösen Geflecht entstehende Volumenvergrößerung in der Brust und in den Genitalien die entsprechenden Reaktionen des Mannes bei weitem ... Die weiblichen Orgasmusspitzen jagen den Pulsschlag mehrfach hintereinander auf Werte um und über 150 ... Völlig anders der Mann. Er durchläuft eine vergleichsweise ruhige

Plateauphase, zu deren Ende ihn der *eine* Punkt zieht: der unvermittelt steile Gipfel seines einzigen Orgasmus.«[7]

Aus diesen unterschiedlichen physischen Gegebenheiten entstehen unterschiedliche sexuelle Wünsche und eine unterschiedliche Vorgehensweise, diese zu befriedigen. Um zu seinem Höhepunkt zu gelangen, setzt der Mann ein zielgerichtetes Vorgehen ein. Die Frau sucht Zärtlichkeit, will oftmals gar nicht nur die Vereinigung, sondern wäre mit Zärtlichkeiten glücklicher. Gibt sie dem Drängen des Mannes nach, fühlt sie sich oft ausgenutzt, verweigert sie sich aber zu oft, entwickelt sich beim Mann das Gefühl, abgelehnt zu werden oder nicht gut genug zu sein.

Hierin liegt auch eine Kluft zwischen den Geschlechtern, über die viele Frauen klagen: Für den Mann scheint Sex eine Art von Leistungssport zu sein. Er setzt sich selbst unter Druck, so oft wie möglich zu »können« und seine Partnerin zum Orgasmus zu bringen. (Wie könnte »Mann« sich auch dieser weitverbreiteten Hypothese entziehen, wenn die Boulevardpresse in großen Schlagzeilen über einen Mann berichtet, der sich umbrachte, weil er impotent war?) Für ihn gehört es grundlegend zu seiner Männlichkeit, in gewissen Abständen Sex zu haben.

Der amerikanische Psychotherapeut *Herb Goldberg* betont in seinen Büchern, daß das Nichtfunktionieren einer sexuellen Beziehung oft ein Symptom ist für andere Defekte in der Beziehung eines Paares. Potenzschwierigkeiten des Mannes ebenso wie Orgasmusschwierigkeiten der Frau haben häufig psychische Ur-

sachen, denn der Mensch ist keine auf Befehl arbeitende Maschine, und die unterschiedlichsten Probleme in der Beziehung, irgend etwas, das am Partner als störend empfunden wird, kann sich beim Geschlechtsakt zwischen ein Paar drängen.
Die Frau fühlt sich durch das Drängen des Mannes unter Druck gesetzt, aber sie hat auch Angst, ihn an eine andere zu verlieren, und gibt darum lange Zeit nach. Eine solche Situation kann auf Dauer nicht gutgehen. Viele Frauen fühlen sich mißverstanden, weil ihre Wünsche nach Zärtlichkeit und Verständnis nicht berücksichtigt werden und der Geschlechtsverkehr auf einen mechanischen Vorgang reduziert wird. Nach einiger Zeit sind sie es leid, immer nur die Gebenden – und nicht nur diese, sondern auch die Nachgebenden – zu sein, und werden versuchen, auszubrechen: entweder zu einem anderen Mann, bei dem sie sich mehr Verständnis erhoffen, oder zu einem Leben allein, da sie erst einmal »ihre Ruhe haben« wollen. Denn wie bei den meisten vorher erwähnten Punkten ist das sexuelle Unverständnis nur die Spitze des Eisberges, nur ein weiteres Anzeichen dafür, daß man allgemein aneinander vorbeiredet und nicht aufeinander eingeht. Oder wie es Irmgard, eine 30jährige Frau, die ihren fünf Jahre älteren Mann verlassen will, ausdrückt:
»Mein Mann zeigt keinerlei Gefühl, er mißbraucht mich nur als Sexobjekt. Ich suche ein verständnisvolles Gespräch, Zärtlichkeit, doch er sieht nur ein Ziel – seine Befriedigung. Ich lasse mir das nicht länger gefallen.«

Gewalt in der Ehe

Unter diese Überschrift fallen zwei verschiedene und dennoch zusammengehörende Themen: zum einen die Vergewaltigung durch den Ehemann und zum anderen Schläge und ähnliche Gewaltanwendung in der Ehe.

Vergewaltigung im Ehebett

Vergewaltigung in der Ehe ist ein Thema, das erst in letzter Zeit mehr in das Licht der Öffentlichkeit gerückt wurde, weil auch diese Art von Vergewaltigung unter Strafverfolgung gestellt werden soll. Eine solche gesetzliche Neuerung ist sehr zu begrüßen, doch sie birgt eine gewisse Problematik: Viele Frauen schrecken schon vor einer Anzeige zurück, wenn sie von einem fremden Mann vergewaltigt wurden, weil sie das Geschehen nicht noch einmal in aller Öffentlichkeit durchleben wollen. Noch viel größer ist sicher die Scheu, den eigenen Mann anzuzeigen.
Die viel wahrscheinlichere Konsequenz aus der ehelichen Vergewaltigung ist, daß die Frau sie eine Weile duldet, aber schließlich in der Trennung den einzigen Ausweg sieht. Denn sie kennt bereits die Versprechungen, daß es »nie wieder passieren« würde, die freilich bald – vielleicht nach gesteigertem Alkoholkonsum – wieder vergessen sind. Irgendwann bleibt ihr nur noch der Abschied von der Illusion.

Gewalt gegen Frauen und Kinder

Nötigung auf sexuellem Gebiet ist nicht die einzige Art von Gewalt, die in einer Ehe vorkommen kann. Fast in jeder größeren Stadt Europas gibt es heute Frauenhäuser. Obwohl deren Zahl im Steigen begriffen ist, sind diese Häuser so überfüllt, daß sie kaum alle Frauen, die Zuflucht suchen, aufnehmen können. Die meisten brauchen Schutz vor ihren gewalttätigen Ehemännern oder Freunden; manche kommen auch mit ihren Kindern. Es gibt erschreckend viele Fälle von ehelicher Gewalt, tätlichen Angriffen, Schlägen – auch von nicht körperlicher, sondern psychischer Grausamkeit, die der physischen meist vorausgeht und mindestens ebenso, wenn nicht noch stärker von Brutalität gekennzeichnet ist.

Mancher mag versucht sein zu sagen: »So etwas könnte bei uns nicht passieren. Wir sind viel zu zivilisiert, kultiviert und gebildet.« Untersuchungen der letzten Jahre haben jedoch gezeigt, daß sich derartige Vorfälle keineswegs auf eine bestimmte soziale Schicht erstrekken, sondern in allen Schichten und Bildungsstufen vorkommen. Häufig geschehen gewaltsame Angriffe gegen die Ehefrau unter dem Einfluß von Alkohol, der bekanntermaßen oft Aggressionen auslöst. Doch nicht nur die Frau ist von Angriffen des Mannes bedroht, auch Kinder bleiben von der Gewalttätigkeit ihres Vaters nicht verschont.

Zum Alkohol gesellt sich als Auslöser meist eine insgesamt problematische Situation, z. B. gravierende finanzielle Probleme. Oftmals sind auch andere, unerkannte

Mängel in der Beziehung ein Grund für die Tätlichkeiten, aber dies ist keine Entschuldigung für Gewalt und für die betroffene Frau auch kein Trost. Beziehungsprobleme lassen sich auf gewalttätigem Wege ganz bestimmt nicht lösen.
Eventuell wird die Frau lange versuchen, über die psychische oder physische Gewaltanwendung ihres Mannes hinwegzusehen, doch irgendwann wird sie sich so stark bedroht fühlen, wird Angst um ihr Leben und um das ihrer Kinder bekommen, und keinen anderen Ausweg mehr sehen als zu fliehen.
Aussagen von Frauen, die sich von ihren gewalttätigen Ehemännern getrennt haben, zeigen, daß gerade in diesem Fall die Trennung einer Befreiung gleichkommt und daß kaum Schmerz über das Ende der Beziehung empfunden wird. Und auch die Kinder, denen in anderen Situationen häufig daran gelegen ist, daß ihre Eltern zusammenbleiben, sehen sich hier nur in einer besseren Lage, da sie endlich von der ständigen väterlichen Bedrohung befreit sind.

Trennungsgrund: Eine andere

Ein häufiger Grund, weshalb eine Frau ihren Mann verläßt, ist der, daß sie ahnt, »dahinterkommt« oder von »hilfreichen« Freunden darauf aufmerksam gemacht wird, daß sie nicht mehr die einzige Frau im Leben ihres Mannes ist. Vielleicht »schluckt« sie es noch einmal, wenn »es« passiert ist, doch daß sie sich über einen

längeren Zeitraum den Gefährten mit einer zweiten Frau teilen soll, wird sie nicht einsehen.
Denn nicht nur die Tatsache, daß da eine andere Frau ist, verletzt. Sehr häufig ist es ein ganzes Lügengebilde, das zusammenbricht, wenn die Ehefrau die Untreue des Mannes entdeckt. Dadurch wird die Beziehung mindestens aber ebenso stark ins Wanken gebracht wie durch die Nebenbuhlerin selbst. Das Vertrauen ist zerbrochen; auch wird – wie ein Gespenst – immer die gängige Überlegung lauern: »War es dieses Mal wirklich so, oder ist das nur wieder eine neue Ausrede? Ist der Geschäftspartner, mit dem mein Mann angeblich noch zusammensitzt, wirklich ein Geschäftspartner, oder ist da wieder die andere? Hat er sich diese neue Krawatte wirklich selbst gekauft oder hat er sie vielleicht von ›ihr‹ geschenkt bekommen?«
Das einmal erschütterte Vertrauen wiederherzustellen, ist mehr als schwierig und erfordert viel Mühe und Ehrlichkeit von seiten des Mannes. Denn ist der magische Kreis zwischen Partnern zerstört, ist nicht nur das Vertrauen gebrochen, auch das Selbstvertrauen hat einen gewaltigen Schock erlitten – besonders dann, wenn die Frau feststellt, daß »die andere« jünger ist. Frauen quälen sich dann oft mit Überlegungen, was diese Frau ihrem Mann wohl geben kann, das er in seiner Ehe nicht findet.
Manche Frauen würden ihrem Mann noch einmal eine Chance zubilligen – vielleicht auch versuchen, wieder mehr auf ihn einzugehen und einen Teil des Fehlers bei sich selbst zu sehen. Doch sollte auch diese Anstrengung scheitern, wird sich die Beziehung kaum mehr

aufrechterhalten lassen. Denn seit dem Zeitalter der sexuellen Libertinage, und besonders seit dem Auftauchen und der Ausbreitung von Aids, wird Promiskuität als Willkür und nicht mehr als Akt der Freiheit aufgefaßt.

»Er ist nicht bereit, sich zu ändern«

Im Stadium der ersten Verliebtheit ist wohl jeder blind für Fehler oder sonderliche Eigenarten des Partners, die sich später als sehr störend erweisen. In der ersten Phase spielt ein großer, oft ein zu großer Optimismus eine gewichtige Rolle. Man glaubt, den Partner im Verlauf einer Ehe oder einer länger andauernden Beziehung ändern, »erziehen« zu können. Doch diese Hoffnung wird nur allzuoft enttäuscht. Jeder Mensch verfügt über eine gewisse Grundkonstellation, die er nicht ablegen kann, selbst wenn er es wollte. Manche Eigenschaften sind charakteristisch und auch bei allergrößter Anstrengung nicht völlig zu leugnen. Noch häufiger ist aber der Wille zur Änderung gar nicht vorhanden; denn weshalb sollte vor der Heirat nur der eine Partner gedacht haben, er könne den anderen »umbiegen«? Wahrscheinlich hatte der andere das gleiche vor.
Dieses Mißverhältnis (das Nichtakzeptieren des anderen als eigenständige Persönlichkeit) führt früher oder später zu Streitigkeiten, die eine Ehe oder Beziehung auf Dauer in Gefahr bringen können. Es kommen Auseinandersetzungen wegen gewisser Gewohnheiten und Eigenarten eines Partners auf. Dieser Streit entwickelt

sich zu einer Dauereinrichtung, und bald wird der vorangegangene Streit zum Gegenstand des nächsten gemacht.
Auch hier bleibt irgendwann nur noch die Trennung als Lösung, die wahrscheinlich meist in der Suche nach einem neuen, besser passenden Partner mündet.
Es kommt vor, daß ein Mann nur darauf wartet, verlassen zu werden (Delegation), weil er selbst nicht genug Mut besitzt, um diesen Schritt selbst zu unternehmen. Was er dann bewußt als Verlust beklagt, entpuppt sich jedoch oftmals als unbewußte eigene Entscheidung. Sein Wunsch, verlassen zu werden, entsprang dem Wunsch, in Ruhe *gelassen* zu werden, um zu einer eigenen inneren Harmonie zu gelangen.

Hauptfaktoren für Trennungen

Diese auf den vorangegangenen Seiten skizzierten Beispiele von Trennungsgründen offenbaren in ihrer Struktur vier Grundfaktoren, die den Ausschlag für die Trennung einer Frau vom Mann geben. Die Kriterien sind folgende:
1. *Wirklichkeitsnähe:* »Mit einem emotionalen Analphabeten kann ich nicht leben«
2. *Freiheit:* »Lieber ohne ihn als so«
3. *Selbstschutz:* »Er unterdrückte mich ständig«
4. *Enttäuschung:* »Ich hatte bis zum Schluß gehofft«
Alle vier Faktoren sind in den verschiedensten Formen bei Trennungen federführend. Es ist z. B. einfacher, die

Freiheit zu suchen, als konkret freiheitlich zu handeln. D.h., daß bei Trennungen Verallgemeinerungen stattfinden, die aus dem konkreten Anlaß einen abstrakten »Überbau« zaubern. Dies ist allein schon an dem Wort »immer« abzulesen, das so oft den entscheidenden Anstoß zu einer inneren Abkapselung gibt, ohne daß die äußere Trennung noch nicht vollzogen ist (»immer machst du ...«, »immer sagst du ...«). Hinter solchen Aussagen versteckt sich eine unbewußte Begriffsdimension, die nun plötzlich zum Tragen kommt: Der Verlassende sieht die Schwächen oder das Fehlverhalten des zu Verlassenden mit einem Mal auf den Punkt gebracht und kann so vor sich selbst und dem anderen die Entscheidung rechtfertigen, auch wenn dieser sie nicht verstehen oder akzeptieren will. Mit anderen Worten: Die Abstraktion hilft, das konkrete Handeln auch durchzuführen, ohne sich vom Gefühl (erneut) in die Irre führen zu lassen. Der verlassene Mann täte gut daran, sich ebenfalls der Abstraktion zu bedienen, um den Anlaß für die Trennung zu begreifen – doch sein Schmerz geht aus Gründen, die schon geschildert worden sind, so tief, daß er es nicht schafft, sich über seinen Gefühlshaushalt klarzuwerden und Lernfortschritte zu machen. So bleibt ihm nichts, als die Hoffnung zu ritualisieren, während sich die Frau schon längst von der Vergangenheit verabschiedet hat (ohne sie freilich zu verleugnen) und für die Zukunft lebt.

Die häufigsten Trennungsursachen

Befragt man Männer und Frauen nach Trennungsgründen, erfährt man die Partnerschaftsprobleme auf der Symptomebene. Die Diagnose, d. h. die dahinterliegenden, eigentlichen Ursachen sind den Beteiligten oft nicht bewußt. Also verlaufen die alltäglichen Auseinandersetzungen auf der Ebene von Schuldzuweisungen und Klagen.

1054 Frauen und Männer zwischen 16 und 60 Jahren wurden vom Hamburger GWIS-Institut befragt. Das Fehlen gemeinsamer Interessen oder Ziele als Trennungsgrund wurde nur noch vom »Fremdgehen« übertroffen.

Die Ergebnisse im einzelnen:

1. 43% der Männer und 43% der Frauen gaben an, daß eine neue Liebe der Auslöser für die Trennung war. Sie konnte die bestehende Beziehung jedoch nur gefährden, weil diese bereits brüchig oder inhaltsleer geworden war.

2. 21% der Männer und 33% der Frauen gaben an, daß die *Zukunftspläne* und -wünsche beider Partner so unterschiedlich waren, daß die Beziehung zu stark belastet wurde.

3. 35% der Männer und 26% der Frauen (also immerhin jede vierte Frau) gaben als Trennungsgrund zu unterschiedliche *persönliche Interessen* an.

4. Für 23% der Männer und 21% der Frauen (jede fünfte Frau) waren sexuelle Probleme der Trennungsgrund. Psychologisch gesehen ist Sexualität stets ein unbewußter Seismograph für die Harmonie beider Partner.

5. 28% der Männer und 20% der Frauen trennen sich, weil der »andere« eine neue Liebe hat. Es handelt sich also um eine Trennung, die vom »untreuen« Partner ausgehen müßte, der diesen Schritt jedoch nicht vollziehen will oder kann. Das bedeutet: Jede fünfte Frau verläßt ihren Mann/Freund deshalb, weil dieser sich zwischen ihr und der anderen nicht entscheiden will oder kann.
6. 22% der Männer und 29% der Frauen trennten sich, weil der Partner sich ihnen gegenüber nicht loyal verhält und insbesondere vor Freunden Streit entfachte.
7. 12% der Männer und 18% der Frauen gaben an, daß ästhetische Probleme für die Trennung ausschlaggebend waren.
8. 5% der Männer und 16% der Frauen trennten sich wegen zu hohen Alkoholkonsums ihres Partners.
9. 3% der Männer und 5% der Frauen trennten sich, weil sie in der Kindererziehung keinen Konsens finden konnten und die ständigen Streitereien deswegen leid waren.
Als die Gesellschaft für rationelle Psychologie 1989 in einer repräsentativen Untersuchung 3284 Paare nach ihren Trennungsgründen befragte, gaben die Frauen dabei an:

18 bis 24 Jahre

1. Untreue 76%
2. Unehrlichkeit 69%
3. Keine Persönlichkeit 45%
4. Gefühlskälte, nicht zärtlich 42%
5. Geiz 38%
6. Sexuelle Einfallslosigkeit, Langeweile 36%

30 bis 39 Jahre

1. Gefühlskälte, nicht zärtlich 71%
2. Sexuelle Einfallslosigkeit, Langeweile 59%
3. Egoismus, Intoleranz 48%
4. Genußsüchtigkeit, undiszipliniertes Verhalten 41%
5. Untreue 40%
6. Unehrlichkeit 39%

40 bis 55 Jahre

1. Erfolglosigkeit, berufliches Versagen 58%
2. Untreue 57%
3. Sexuelle Einfallslosigkeit, fehlende Attraktivität 52%
4. Gefühlskälte, mangelnde Zärtlichkeit 46%
5. Intoleranz, Egoismus 41%

Die diagnostische Ursache der angegebenen Trennungsgründe liegt meist in der gewachsenen oder erst jetzt erkannten Distanz zwischen Mann und Frau. Als Therapie für die »Partnerschaftskrankheit« haben sich bewährt:

Erweiterung des Selbstbewußtseins
Stärkung des Selbstwertgefühls
Verbesserung der Kommunikation

Es klingt nach Provokation, wenn wir sagen, Frauen verließen Männer generell, weil sie »nur« Männer seien. In ihrem Kern beinhaltet diese Aussage jedoch etwas Wahres, nämlich die Tatsache, daß der Mann nie erkannt hat, daß *beide* Geschlechter Teil eines Ganzen sind. Deshalb wird er verlassen. Durch diesen Schritt »weg von ...« ist jedoch die Einheit in noch weitere

Ferne gerückt. Es bleibt die Aufgabe von Mann *und* Frau, zu dieser Einheit zu finden.

Doch nach wie vor verlassen Frauen ihre Männer, was in den meisten Fällen kein leichter Entschluß ist. Oft kommt es erst dann zur tatsächlichen Trennung, wenn dieser Schritt als das geringere Übel betrachtet wird, als der quälenden Beziehung weiter ausgeliefert zu sein.

Die folgenden drei Fälle unterstreichen die Sprachlosigkeit zwischen den Geschlechtern:

Susanne, 42, Verwaltungsangestellte

Ich ließ mich vor zehn Jahren scheiden.

Wir kennen uns seit Kindertagen und heirateten sehr früh. Mein Mann studierte, ich arbeitete. Unter seinen vielen Beziehungen mit Frauen litt ich sehr, da er aber in diese Verhältnisse angeblich keine Gefühle investierte und den Geschlechtsverkehr als eine »Kommunikation auf Hautebene« bezeichnete und ansonsten ein guter Mensch war, hätte ich diese Affären auch langfristig geduldet. Doch eines Tages traf ich eine junge Kollegin, die mir völlig verzweifelt zu sein schien. Ihr damaliger Freund, ein verheirateter Italiener, drohte ihr Säure ins Gesicht zu schütten, wenn sie ihn verlassen würde. Ich bot ihr an, sich ein paar Tage lang bei uns zu verstecken. Sie nahm dankbar an, doch kaum war sie in unserer Wohnung, hatte sie bereits eine Affäre mit meinem Mann – und obwohl ich ihr in der Zwischenzeit eine Wohnung besorgt hatte, war sie nicht bereit, aus der unsrigen auszuziehen.

Wir saßen zu dritt im Wohnzimmer. Ich bat sie, endlich auszuziehen. »Wozu denn?« fragte mein Mann. »Es ist doch genug Platz für drei!« Dieser Satz war für mich das Ende meiner 12jährigen Ehe. Er fiel auf einer Ebene, auf der ich nicht mehr diskutieren konnte und wollte. Ich nahm meine Handtasche und ging.

Anfangs lebte ich bei Freunden. Ich kam nur gelegentlich nach Hause – wenn seine Freundin nicht da war –, um etwas zu holen. Bei einer solchen Gelegenheit bat ich ihn noch ein letztes Mal, sich von dieser Freundin zu trennen. Er lehnte meine Bitte mit den Worten ab: »Da könntest du mit deinem Ansinnen doch bei jeder kommen ...« – »Dann laß' ich mich scheiden!« war meine Antwort. Sie kam sehr gefaßt. Er dagegen reagierte nun völlig unerwartet heftig, obwohl er sonst ein wenig gefühlsbetonter Mann war. Er stieß mich vom Sofa, warf eine Orangensaftflasche an die Wand. Von da ab stand für mich der Entschluß zur Scheidung endgültig fest.

Kurz danach erlitt mein Mann im angetrunkenen Zustand einen schweren Verkehrsunfall und lag acht Monate lang im Krankenhaus. Ich sorgte dafür, daß er die beste Behandlung bekam. Ich wollte, um ihn nicht noch weiter zu belasten, die Scheidung nicht während seines Krankenhausaufenthaltes einreichen. Wenn ich ihn in der Klinik besuchte, saß seine Freundin, die mehr Freizeit hatte als ich, an seinem Bett und mischte sich ständig in unsere Gespräche ein.

Angestellte der Klinik beschwerten sich bei mir darüber, daß seine Freundin ständig anwesend war. Vor allem aber waren sie empört, daß er auch mit der Krankengymnastin des Krankenhauses ein Verhältnis angefangen hatte. Während dieser acht Monate bekam zudem eine weitere Freundin meines Mannes ein Kind von ihm. Im Dezember wurde er aus der Klinik entlassen. Mitte Januar reichte ich die Scheidung ein. Ende Februar wurden wir geschieden.

Nach der Scheidung ging es mit ihm sowohl beruflich als auch menschlich den Berg runter. Die Freundin verließ ihn. Er lebte chaotisch und verwahrlost. Er arbeitete zwar, doch er kann nicht mit Geld umgehen und hatte große finanzielle Schwierigkeiten. Von vielen Leuten ließ er sich ausnützen. Er nahm über 40 kg zu, und seine dreckige Wohnung, die stets voller fremder Leute war, sah wie ein Obdachlosenasyl aus.

In den folgenden Jahren trafen wir uns nur noch gelegentlich. Einmal sagte er in Anwesenheit von gemeinsamen Freunden: »Ich werde es dir nie verzeihen, daß du mich gerade zu dem Zeitpunkt, an dem ich krank geworden war, verlassen hast.«

Mittlerweile ist er wieder verheiratet und hat zwei Kinder aus dieser Ehe.

Kerstin, 39, Lehrerin

Wir haben vor zwanzig Jahren geheiratet, zu einem Zeitpunkt, als ich ihn eigentlich verlassen wollte. Er ließ aber nicht locker. In den ersten Jahren verlief unsere Ehe nicht schlecht. Wir studierten beide und wollten Lehrer werden. Ich schaffte es, mein Mann jedoch, der mehr in den Biergarten als zur Uni ging, schaffte es nicht. Nach dem Scheitern im Examen verlor er immer mehr den Boden unter den Füßen. Er war nicht bereit, das Examen zu wiederholen, und trank immer mehr.

Kurz nach meinem Examen kam unser erster Sohn;

zwei Jahre später folgte das zweite Kind. Mein Mann mochte die Kinder zwar gern, aber er kümmerte sich sehr wenig um sie. Ich war berufstätig, verdiente das Geld, versorgte den Haushalt und hatte zu Hause nichts zu sagen. Mein Mann bestimmte alles. Er ließ dabei keine Gelegenheit aus, mich vor anderen Leuten zu kritisieren und mich klein und schlecht zu machen. Zudem war er enorm eifersüchtig und dichtete mir völlig grundlos Beziehungen zu anderen Männern an. In den folgenden Jahren hatte er noch ab und an Gelegenheitsjobs, doch je mehr er dem Alkohol verfiel, desto weniger war er bereit, irgend etwas zu arbeiten.

Bald wurde ein Leberschaden bei ihm festgestellt, dazu noch Zucker. Er hielt sich jedoch weder an die Alkoholabstinenz noch an die Diät.

Eine Wunde am Bein wollte nicht heilen. Er war aber nicht bereit, zum Arzt zu gehen, so daß sein Bein langsam verfaulte. Man mußte es später amputieren. Aus den Erfahrungen lernte er nicht, er trank immer mehr, hielt keine Diät, und ich durfte erst dann einen Arzt holen, wenn er jeweils schon im toxischen Fieber lag.

Zunehmend wurde er unerträglicher. Er verstärkte seinen Eifersuchtswahn, kontrollierte jeden meiner Schritte. Er hörte sämtliche Telephongespräche ab, versteckte alle Schlüssel, durchsuchte meine Handtasche. An meinem Arbeitsplatz erhielt ich von ihm ununterbrochen Kontrollanrufe, so daß das Lehrerkollegium schon hinter meinem Rücken tuschelte und sich über mich lustig machte. Bei Einladungen fiel er oft bereits zu Beginn durch sein Lallen auf und erzählte mit Vorliebe schlüpfrige Witze, die jedem peinlich waren. Damals konnte ich die Situation nach außen hin nicht mehr kaschieren.

Zu Hause wurde der Zustand immer unerträglicher. Er bedrohte mich und die Kinder, drohte mit Selbstmord und immer wieder damit, daß er auch die Kinder und mich töten würde. Jede Nacht beschimpfte er mich im Bett, er ließ mich nicht schlafen, es kam zu Tätlichkeiten. Die Kinder und ich litten sehr unter der Situation. Sämtliche Versuche, etwas zu ändern, scheiterten an seiner Sturheit und seinem Alkoholismus.

Obwohl ich mehrmals mit den Kindern davonlief, kamen wir doch wieder nach Hause zurück. Irgendwann jedoch spitzte sich die Situation so zu, daß mich meine beiden Kinder anflehten, endlich für immer zu gehen. Sie fürchteten um unser Leben. Mein Mann drohte damit, sich anzuzünden, sich zu erschießen, sich zu ertränken.

Seit einem Jahr leben die Kinder und ich in einer kleinen Wohnung, wenngleich nicht ohne Angst. Mein Mann will mich zur Rückkehr zwingen oder mich finanziell ruinieren. Er betrachtet mich nicht als eigenständige Person, sondern als sein Eigentum, auf das er ein selbstverständliches Recht hat. Lieber solle ich zugrunde gehen, als ohne ihn glücklich zu werden. Ich versuchte mehrmals, einen freundschaftlichen Kontakt mit ihm aufzunehmen, doch dies reichte ihm nicht. Er will mich, seine »Haussklavin«, mit Haut und Haaren zurückhaben. Finanziell will er die Hälfte meines Netto-Einkommens. Er fährt ständig in der Gegend umher, ist dauernd im Urlaub, besucht Freunde und Verwandte, macht große Schulden, behauptet aber, nicht arbeiten zu können. Er geht zu allen Institutionen und Beratungsstellen, wo er über seine Behinderung jammert und mit Selbstmord droht, damit sich die Sozialarbeiter bei mir melden und Druck auf mich auszuüben versuchen, um mich zur Rückkehr zu ihm zu bewegen. Er behauptet, ich sei ein gewissenloser Mensch, weil ich ihn, den armen und hilflosen Mann, verlassen habe. Ohne mich könne er nicht leben. Seit einem Jahr vergeht kaum eine Woche, ohne daß er mich bedrängt und mir Vorwürfe macht. Er ruft die Kinder an und droht ihnen mit Selbstmord, wenn sie sich nicht dafür einsetzen, daß ich zu ihm zurückkomme. Die Kinder leiden sehr darunter, ihre Schulleistungen sind dementsprechend schlecht geworden. Immer wenn wir glauben, jetzt könnten wir etwas zur Ruhe kommen, inszeniert er irgend etwas, das uns das Leben schwermacht und uns weh tut.

Wir fragen uns, wann dieser Psychoterror endlich aufhört. Wir können die Nähe dieses Mannes nicht mehr ertragen und sind froh, wenn wir einmal einen Tag lang nichts von ihm hören. Er ist für mich wie ein böser Geist, den ich nicht loswerden kann. Er denkt nur an sich, die Kinder interessieren ihn nur insoweit, wie er sie als Werkzeug im Kampf gegen mich benutzen und mißbrauchen kann. Ich muß die Kinder schützen und darauf achten, daß die Schäden, die sie bereits erlitten haben, nicht noch größer werden.

Ich habe immer wieder betont, daß ich nicht zurückkehren werde und daß ich nichts mehr für ihn empfinde. Doch er erzählt Freunden das Gegenteil. Er behauptet, ich hätte ihn nur wegen seiner Krankheit und meiner Arbeitsüberlastung verlassen. Die Wahrheit will er nicht akzeptieren. Er blendet sie vollständig aus.

Cornelia, 30, Illustratorin

Sowohl Kiril als auch Manfred haben nie geglaubt, daß ich sie verlassen könnte. Kiril hat seine gesellschaftliche Stellung zu hoch bewertet, und Manfred war vor allem von den finanziellen Möglichkeiten, die er mir bot, überzeugt.

Nach außen hin war ich für alles, was beide für mich getan haben, sehr dankbar. Innerlich glaubte ich jedoch immer, daß ich es wert bin, daß der jeweilige Partner sich für mich anstrengt. Überwiegend habe ich deshalb die Männer (wahrscheinlich aus Angst, sie zu verlieren) darin bestärkt, ihre gönnerhafte Rolle weiterzuspielen. Wenn ich verliebt war und mein Partner mir sagte: »Du liebst mich doch – also mache dies oder jenes für mich«, dann tat ich es, auch wenn ich mich schlecht dabei fühlte.

Aber in dem Moment, als ich durch eine Therapie mein Verhalten änderte, stieg mein Selbstbewußtsein, und ich mußte nicht mehr in dem Maße wie zuvor die Dankbare spielen.

Manfred war ein Mann, der seine Partnerschaften auf Zuneigung und Zärtlichkeit aufbaute, sein Machtinstrument dabei aber war sein Geld. Ich fand das sehr angenehm, zumal ich ein großes Nachholbedürfnis an Reisen, gutem Essen und modischer Kleidung hatte. Aber bei jedem Streit, der fast immer einer Demütigung gleichkam, wurde mir der Preis klar, den ich für all diese Annehmlichkeiten zu zahlen hatte. Streitereien kamen

vor allem durch die krankhafte Eifersucht beider Männer zustande, auch wenn sie stets grundlos war. Manfred sagte immer: »Es ginge mir so gut, wenn ich noch die richtige Partnerin hätte!« Was wollte er also von mir? Sex? Den hätte er woanders billiger haben können. Er wollte wohl nur mit mir angeben. Auch Kiril hat sich in nichts geändert – ein vor Eifersucht Rasender. Beide Männer habe ich verlassen.
Inzwischen überrascht es mich nicht nur, daß ich heute eine ganz andere Art von Männern kennenlerne. Männer, die ihre Ängste und Schwächen offensichtlich ohne Probleme zugeben können. Solche, die nicht sofort in einen Konkurrenzkampf mit der Frau treten. Männer, die mir sagen, daß sie es bewundernswert finden, wie ich mein Leben und meinen Job bewältige, und die mich nicht mehr »kaufen« wollen.
Kiril hatte mir die Fähigkeit, selbst Geld zu verdienen, abgesprochen, obwohl ich sein Einkommen durch mein Einwirken gesteigert habe.
In den letzten vier Jahren hatte ich finanziell zu kämpfen und litt unter dem Alleinsein. Aber für mich ist diese Art zu leben sinnvoller und gesünder, als einem Partner Therapieersatz oder eine gekaufte Trophäe zu sein. Ich will nie wieder von einem Mann materiell abhängig sein. Ich will mein eigenes Leben führen und einem Partner, den ich liebe, Freude bereiten.

Wie reagieren verlassene Männer?

An den Beispielen von vier unterschiedlichen Männer-Typen, die von ihren Frauen/Freundinnen verlassen wurden und hier prototypisch geschildert werden, wollen wir diese Frage beantworten.
Die vier Männer sind:
Mike, 45, Inhaber einer Steuerkanzlei. Er ist der »*Bunte*«. Seine Grundaussage: »Ich wollte sowieso frei sein.«
Alexander, 43, Rechtsanwalt. Er gehört zur Gruppe der »*Erhabenen*«: »Gott sei Dank ist sie von selbst gegangen«, ist der Tenor seiner Aussagen.
Horst, 40, Redakteur. Er verkörpert den »*Beständigen*«. »Ich muß das zu Ende bringen«, ist seine Devise.
Rüdiger, 38, Verwaltungsbeamter. Er steht für den »*Ergebenen*«. »Ohne sie kann ich nicht leben«, ist sein Credo.
Diese vier haben zusammen mit 20 weiteren Männern einen **Coach** aufgesucht, von dem sie sich – anläßlich eines Wochenend-Seminars für verlassene Männer – Hilfe erhoffen.
Mike steht im Seminarraum, lächelt beständig, scherzt und spielt sich als Alleinunterhalter auf. Nach außen hin erweckt er den Eindruck, völlig fehl am Platz zu sein. Ein Sieger, der Verlustangst nicht zu kennen scheint.
Alexander fährt mit einem schwarzen Sportwagen vor.

Er trägt glänzende Schuhe, eine Leinenhose mit besonders gestärkter Bügelfalte und eine Strickjacke mit Golfabzeichen auf dem Herzen. Wenn man ihm in die Augen schaut, blickt er weg.

Horst ist schon eine halbe Stunde vor Beginn des Seminars angekommen. Man sieht ihm an, daß er vergleichbare Situationen kennt und ein solches Wochenende nicht zum erstenmal mitmacht.

Rüdiger kommt mit dem Zug, der Umwelt zuliebe. Verschwitzt betritt er den Seminarraum, da er weder ein Taxi vom Bahnhof noch den Hotel-Service für sein Gepäck in Anspruch nehmen wollte. Er sieht in dem Seminar seine »letzte Chance«.

Bevor das eigentliche Seminar beginnt, schildern diese vier Männer ihre individuelle Situation. Nach den üblichen Initialfragen »Mit welchen Gefühlen kommen Sie hierher«, »welche Gedanken gingen Ihnen durch den Kopf, als Sie das Hotel sahen« etc., beantworten sie die Frage »Was denken *Sie,* warum Sie verlassen wurden?« Hier einige Auszüge aus den Gesprächen mit dem **Coach**:

Der Erhabene

Alexander: »Ich glaube, ich habe den Bogen überspannt. Inzwischen bin ich soweit, zu erkennen, daß ich offenbar zuviel Angst vor wirklicher Nähe hatte. Deshalb habe ich mich immer mehr abgegrenzt. Irgendwie war es Veronika dann einfach zuviel bzw. zuwenig, was sie von mir an Gefühlen bekam. Und dann diese Streitereien. Es ging immer um dasselbe. Sie wollte, daß ich mit ihr in den Urlaub fahre; oder mit ihr die Eltern besuche; oder mehr mit ihr unternehme. Ich hatte aber als Anwalt für Internationales Patentrecht durch meine Geschäftsreisen schon ohnedies zuviel um die Ohren. Deshalb war ich froh, mal zu Hause, allein zu sein. Oder einfach nur fernzusehen, einen Freund anzurufen, ganz normal zu sein, nichts tun zu müssen. Aber sie mit ihren Freundinnen: Immer wollte sie auf Parties gehen, schick sein usw.«

Coach: »Hat Ihnen das früher auch nicht gefallen? Es muß doch etwas gegeben haben, das Sie gemeinsam hatten, das Sie miteinander verband – sonst hätte Ihre Beziehung doch nicht neun Jahre gehalten?«

Alexander: »Sicher, am Anfang fand ich das toll. Sie verkörperte genau das, was ich mir immer gewünscht hatte...«

Coach: »Sie hätten also selbst gern so gelebt, trauten es sich aber nicht?«

Alexander: »Richtig. Ich meine, beruflich kann ich schon mit Menschen umgehen, aber im Privaten versage ich in diesem Punkt. Ich will einfach keine Leute einladen, mich immer mit ihnen unterhalten, smart und freundlich sein müssen.«

Coach: »Hat Sie denn das kommunikative Verhalten Ihrer Frau nicht dazu angespornt, selbst etwas lockerer zu werden?«

Alexander: »Anfangs ja. Als wir frisch verliebt waren, konnte ich mich mehr öffnen, später war das jedoch vorbei.«

Coach: »Seit wann haben Sie diesen Zustand der Kommunikations-Blockade?«

Alexander: »Eigentlich schon seit mehreren Jahren.«

Coach: »Schlafen Sie denn noch mit Ihrer Frau?«

Alexander: »Eigentlich nicht.«

Coach: »›Eigentlich nicht‹ heißt: Sie hatten jahrelang keinen Sex miteinander?«

Alexander: »Ja. Vor allem seit der Zeit, als sie begann, Affären mit anderen Männern zu haben.«

Coach: »Kann es sein, daß Sie Ihrer Frau ihre Kontaktfreudigkeit übelgenommen haben?«

Alexander: »Ja.«

Coach: »Und durch dieses Abkoppeln: Sie macht das schon, und ich will meine Ruhe, wandte sie sich anderen Männern zu.«

Alexander: »Genau. Ich haßte und liebte meine Frau gleichzeitig. Ich leide aber jetzt nicht mehr so stark wie noch vor einigen Wochen. Doch wenn ich ehrlich bin – natürlich leide ich, und zwar ziemlich stark, obwohl ich eigentlich froh bin, daß sie von selbst gegangen ist.«

Coach: »Sie meinen, Ihr Selbstbewußtsein ist erschüttert, weil sie diesen Schritt unternahm, weil sie Ihnen mit der Trennung zuvorkam?«

Alexander: »So ist es. Ich weiß das auch, aber trotzdem – oder gerade deswegen leide ich.«

Coach: »Genau hierin liegt nun Ihre Chance: Nützen Sie Ihr gegenwärtiges Leiden als Motor, um Ihr Leben zu verändern. Ihre Lernziele heißen jetzt:

– Bewußter werden, also genauer wissen, was Sie tun und was Sie damit bei Ihrem Gegenüber auslösen.

– Ganzheitlicher werden, d.h. die Verhaltensweisen,

die Sie bei Ihrer Frau so bewundert haben, selbst zu leben. Das bringt Ihnen zwar Ihre Frau nicht zurück, doch Sie werden partnerschaftsfähiger, Sie lernen, sich ohne Angst vor Selbstverlust hinzugeben und ohne Angst vor Ablehnung die eigenen Stärken zu leben.«

Mit zunehmender Gesprächsdauer wird offenkundig, daß **Alexander** der Vorstellung unterliegt, einer Elite angehören zu müssen. Erst wenn dieses innere *und* äußere Bedürfnis in ihm erfüllt ist, kann er sicher sein, daß er weiß, wer er eigentlich ist; dann hat er sich für kurze Zeit selbst gefunden.

Sein schwaches Selbstbewußtsein aber verlangt von ihm permanente Absicherung durch Statussymbole oder Handlungen, die ihm und anderen vermitteln sollen, daß er kein unbedeutender Mensch unter wichtigeren ist.

Bis zu seinem 16. Lebensjahr hatte Alexanders Mutter ihrem Sohn keine eigene Identität zugestanden; sie war es, die seine Bedürfnisse steuerte und ihm – oftmals auch durch körperlichen Druck – verdeutlichte, was gut für ihn sei. Später begann Alexander Mauern um sich herum aufzubauen, die sein Ego schützen sollten. Diese Mauern waren jedoch so undurchlässig, daß es kaum einer Frau gelang, Alexander für längere Zeit zu binden. Erst Veronika, die in Aussehen und Wesen gewisse Ähnlichkeit mit Alexanders Mutter aufwies, öffnete er sich. Gerade wegen dieser Ähnlichkeit aber fühlte sich Alexander schon manipuliert, wenn Veronika die Worte »wir« oder »uns« aussprach. Er hatte Angst, seine Persönlichkeit könnte zu sehr mit der ihren verschmelzen – wie er es von seinem negativ besetzten Mutterbild her kannte. Um eine solche Verschmelzung rechtzeitig zu umgehen, floh Alexander daher zu sich selbst, zu einem Dasein ohne »sie« – stets für kurze Zeit allerdings. Jetzt aber floh »sie« – und zwar für immer.

Der Ergebene

Rüdiger: »Als sie ging, wußte ich nicht, wie ich das überleben sollte. Ich hatte ihr doch alles gegeben. Jeden Wunsch von den Augen abgelesen. Ich habe gebeten und gebettelt. Aber es hat nichts geholfen. Sie gab mir keine Chance. ›Perlen vor die Säue‹, sagt meine Mutter. ›Sie hat sowieso nicht zu dir gepaßt, sie war viel zu hart für dich.‹ Ich leide furchtbar unter der Trennung, ich leide, wenn ich an sie denke, unsere Photos ansehe, unser Schlafzimmer, in dem ihr Platz neben mir nun leer ist...«
Coach: »Masochismus scheint Ihnen nicht fremd zu sein. Nehmen Sie doch diese Gelegenheit beim Schopf, etwas daraus zu lernen, was Sie in der nächsten Beziehung besser machen können, um nicht erneut verlassen zu werden.«
Rüdiger: »Was soll ich denn noch tun? Ich habe doch alles gemacht!«
Coach: »Ich denke, daß genau das Ihr Fehler war: Sie haben zuviel getan und zuwenig zugelassen. Zuwenig darauf vertraut, daß Sie liebenswert sind, auch wenn Sie einmal nichts tun. Es fehlt Ihnen die Mischung aus Urvertrauen und gesundem Egoismus.«

Rüdiger: »Aber sie sagte mir doch so oft, ich sei ein Egoist und selbstsüchtig.«

Coach: »Sicher, weil Sie in Momenten, in denen Sie nervös und gereizt waren, schroff und jähzornig reagierten.«

Rüdiger: »Das stimmt. Aber ich habe das doch nicht so gemeint.«

Coach: »Aber es kam bei Ihrer Frau so an. Und für das Gegenüber zählt nur, ›was wie rüberkommt‹ – wie es gemeint war, ist meist nicht ausschlaggebend.«

Rüdiger: »Und da denken Sie, ich sollte noch egoistischer werden?«

Coach: »Nicht ›noch‹ mehr, sondern ›gesund‹ egoistisch. Sie sind als Mensch ein Teil der Natur und können bei den Pflanzen und Tieren abschauen, worum es im Leben geht. Hier erkennen Sie das Prinzip des Daseins: Jeder Natur-Akt ist letztlich positiv, und wenn Sie etwas Negatives entdecken, dann nur deshalb, weil dieses wiederum einem höheren Zweck dient, der selbst aber positiv ist. Sie können z. B. beobachten, daß die Löwin die Gazelle tötet (negativ), um sich und ihre Familie zu ernähren (positiv). Wenn die Löwensippe satt ist, kann die Gazellenfamilie in Ruhe weiteräsen. Die Löwin hat kein Interesse, aus Lust zu töten. Sie tut es aus Notwendigkeit. Und sie wird nicht darauf verzichten und selbst zu kurz kommen, nur weil sie sich einbildet, die Art der Gazellen müßte erhalten bleiben. Dieses in der Natur immer wieder vorzufindende Gleichgewicht sollten Sie auf Ihren seelischen Energiehaushalt übertragen. Sie müssen ein Gleichgewicht von Geben und Nehmen finden. Bei Ihrem Bankkonto machen Sie es ja ähnlich: Sie geben nicht mehr aus, als Sie einnehmen. So sollten Sie auch mit der Liebe umgehen. Dann werden Sie in Krisensituationen auch nicht mehr zu schroffem und jähzornigem Verhalten neigen, da Ihnen genügend positive Reserve-Energie zur Verfügung steht. Die Voraussetzung aber dafür ist, daß Sie den Mut aufbringen, die Verantwortung für Ihr Leben zu übernehmen.«

Rüdiger: »Ja – und was soll ich jetzt konkret tun?«

Coach: »Beginnen Sie damit, Ihr Schlafzimmer umzuräumen. Neue Tapete, anderes Bett. Und praktizieren Sie die ›Schwarz-Rot-Gold-Formel‹ für Trauer und Verlust: Schwarz steht für die Trauer darüber, daß Ihre Beziehung nun zu Ende ist. Rot für die Wut darüber, daß Ihre Frau offenbar nicht erkannt hat, was Sie ihr zu geben bereit waren. Wut darüber, daß Sie nicht einsehen wollte, daß Sie etwas Besonderes sind und glaubten, gut zu ihr zu passen. Die Farbe Gold steht für Reichtum und Glück. Verwöhnen Sie sich selbst, und gönnen Sie sich vieles von dem, was Sie am liebsten mit Ihrer Frau gemacht hätten. Wenn Sie gern mit ihr über das Wochenende verreist wären, tun Sie es jetzt allein. Wenn Sie mit ihr gerne etwas anderes unternommen hätten, tun Sie es jetzt selbst, verwöhnen Sie sich, und gönnen Sie sich – auch wenn Sie jetzt allein sind – das, was Sie sich mit Ihrer Frau erhofft hatten. Damit können Sie bereits übermorgen anfangen. Gehen Sie aus, treffen Sie Freunde, spüren Sie neue Lokale auf, beginnen Sie eine neue Sportart oder ein neues Hobby. Fangen Sie ein neues Leben an – nach dem Motto: Mein Leben gehört mir. Ich werde es entfalten.«

Rüdiger: »Ich wollte mir das Leben nehmen, ich hielt es nicht mehr aus, von meiner Frau getrennt zu sein. Täglich wurde ich deprimierter. Ich suchte Orte auf, an denen ich mit ihr zusammen gewesen war, doch da wurde es nur noch schlimmer. Aber ich glaube zu verstehen, was Sie meinen: Ich muß endlich *mein* Leben, mein ganz eigenes Leben führen. Bislang wollte ich immer nur teilen.«
Coach: »Nichts spricht gegen das Teilen von Freude oder Leid – doch man sollte erst teilen, wenn man etwas zu geben hat. Mit anderen Worten: Erst, wenn Sie eine ganze Persönlichkeit sind, ›lohnt‹ sich das Teilen. Denn was Sie bisher ›teilen‹ nannten, ist in Wirklichkeit nur der Versuch, Ihre brachliegende Persönlichkeit über den Umweg einer anderen Person zu ergänzen. Wenn Sie zu sich selbst gekommen sind, bedürfen Sie aber dieser Ergänzung nicht mehr zwanghaft – und Sie können geben, ohne eine Gegengabe zu erwarten. Und wenn Sie eine neue Frau treffen, stellen Sie ihr keine Falle!«
Rüdiger: »Wie bitte?«
Coach: »Eingangs sagten Sie, Sie hätten für Ihre Frau alles getan, weshalb es Sie nun noch mehr wundert, daß sie Sie verlassen hat. Aber in diesem ›alles tun‹ offenbaren Sie, daß Sie Ihre Frau mit Geschenken oder womit auch immer an sich binden wollten, so daß sie keine Luft mehr zum Atmen bekam. Sie haben so viel für sie getan, daß ihr kein anderer Ausweg blieb, als zu gehen. Sie haben jede Initiative Ihrer Frau auf ein eigenes Leben unterdrückt. Das nennen Sie ›alles für jemanden tun‹?! Sie haben – wie übrigens die meisten Männer –

diesem Menschen eine Falle gestellt, Sie haben Ihren Lockruf erschallen lassen, und Ihre Frau ist Ihnen ›auf den Leim gegangen‹. Ab dem Moment aber, als Sie beide verheiratet waren, dachten Sie, Ihre Frau gehöre nun Ihnen, da sie ja schon in Ihrer Falle saß. Nun ist sie der Falle entkommen, was Sie nicht nur betrübt, sondern auch ärgert – denn Ihr Spiel war gut vorbereitet.«

Rüdiger: »Da haben Sie recht.«

Coach: »Wenn Sie ein ›Neuer Mann‹ werden wollen, verzichten Sie bei der nächsten Begegnung mit einer Frau auf die Falle. Seien Sie ehrlich, offen, spontan. Vermeiden Sie Hintergedanken. Sie brauchen sich nicht zu produzieren. Wenn Sie die für Sie richtige Partnerin treffen, erübrigt sich jedes Verstellen von Ihrer Seite. Wenn nun der Fall eintritt, daß auch die Frau auf ihre Falle verzichtet, steht einer gelungenen Liebe nichts mehr im Wege.«

Obwohl **Rüdiger** eine Uhr trägt, fragt er gelegentlich, wie spät es sei. Er liebt die Abhängigkeit. Auch in seinem Fall war es – wie bei Alexander – die Mutter, die dem Sohn jede Eigenständigkeit untersagt und ihn auf Gedeih und Verderb an sich gebunden hatte. So wurden für Alexander »wir« und »uns« im Laufe der Zeit zum »ich«-Ersatz. »Ich schenke mich dir«, »ich gehöre dir«, »du bist mein Leben«, »ohne dich bin ich nichts« – mit solchen Worten versuchte Rüdiger später, eine Symbiose mit seiner Frau, in der er einen Muttersatz sah, herzustellen. Seine Vorstellung, seiner Frau »alles gegeben zu haben«, ist als Dank an die Mutter aufzufassen, die ihrem Sohn ebenfalls »alles gegeben hat«. Dieser fühlt sich nun schuldig, da er der Mutter ein eigenständiges Leben unmöglich machte. Er büßt dafür durch *sein* uneigenständiges Leben. Allein zu sein erzeugt in ihm Panik. Deshalb klammert er, versucht zu erpressen, fleht: »Bleib bei mir, dann ist alles gut.« Keine Frau – außer sie leidet selbst an komplementären seelischen Defiziten – kann soviel Verantwortung für einen erwachsenen Mann übernehmen. »Wenn du dich einmal verliebst, ist es aus mit dir«, prophezeite Rüdigers Mutter ihrem Sohn, als er 14 Jahre alt war. In jeder Beziehung, die folgte, sah er deshalb die vollkommene Aufgabe seines mit der Mutter verbundenen Ichs. Hingabe *ohne* Selbstaufgabe war ihm noch fremd. Diese Haltung sollte nun sein bevorzugtes Lernziel werden.

Der Beständige

Horst: »Wir hatten geheiratet, und ich dachte, ich könnte mich nun für immer auf sie verlassen. Aber bei welcher Frau kann man das schon? Auf welchen Menschen überhaupt kann man sich verlassen? Sie war mein bester Freund. Mein einziger Freund. Ich hatte geglaubt, das sei nun etwas unveränderlich Festes. Aber das gibt es offenbar nicht in dieser Welt. Jedenfalls nicht für mich.«
Coach: »War Ihre Ehe bis zum Ende gut?«
Horst: »Gut? Furchtbar war unsere Ehe! Wir haßten uns immer mehr. Morgens versuchten wir, möglichst nicht zur gleichen Zeit zu frühstücken, weil es dann regelmäßig zum Streit kam.«

Coach: »Dann müßte die Trennung doch geradezu einer Erlösung gleichgekommen sein?«

Horst: »Nein, nein. Wir sind verheiratet. Da muß man durch. Andere Ehen sind auch nicht ideal.«

Coach: »Ich denke, Sie spüren jetzt eine typisch menschliche Gespaltenheit in sich: Einerseits wollen Sie natürlich nicht auf Dauer eine unerträgliche Situation beibehalten, andererseits fühlen Sie sich verpflichtet, die Ehe, die Sie nun einmal eingegangen sind, auch durchzustehen.«

Horst: Genau.«

Coach: »Was Sie jetzt lernen können, ist, daß das Leben keine Konstanz kennt. Leben ist Wandlung, ist Veränderung. Das Leben gleicht einem Fluß, auf dem Sie treiben können, in dem Sie schwimmen können – auch gegen den Strom. Aber wenn Sie versuchen, im Fluß stehenzubleiben, dann wird das Leben an Ihnen vorbeirauschen, und Sie finden nur Widerstände. Wenn Sie nach Ihrer Trennung ein erfülltes Leben führen wollen, ist es nötig, daß Sie die Verantwortung für sich selbst, für Ihr neues Leben übernehmen. Lassen Sie sich scheiden, denn offenbar war Ihre Partnerschaft eine Lebensabschnittspartnerschaft, die zu ihrer Zeit auch ihren Sinn hatte. Jetzt ist eine andere Zeit angebrochen, Sie und Ihre Frau haben sich auseinanderentwickelt, und offenbar ist es Ihnen beiden nicht gelungen, eine neue Basis zu finden – auch wenn Sie beide das gewollt haben. Ihre Ehe war richtig, genauso richtig aber ist jetzt die Trennung. Was Ihr eigenes Leben betrifft, so sollten Sie es dem Schmetterling gleichtun: Erst wenn er sich aus seinem Raupen- und Kokonstadium heraus ›entfaltet‹, ist er frei für ein neues Sein. Um aber dafür frei zu werden, muß er alle alten Zustände loslassen: Entbindung – Entwicklung – Entfaltung. Sie müssen sich jetzt entwickeln, um eines Tages – vielleicht mit einer neuen Frau – zur vollen Entfaltung Ihres Lebens zu gelangen.«

Horst: »Ich bin katholisch, eine Scheidung kommt für mich nicht in Frage, auch wenn das, was Sie sagen, gut klingt.«

Coach: »Weshalb übertragen Sie die Verantwortung für Ihr Leben auf die Institution der Kirche?«

Horst: »Was Gott zusammengefügt hat, das soll der Mensch nicht trennen!«

Coach: »War es denn Gott, der Sie und Ihre Frau zusammengeführt hat?«

Horst: (schweigt)

Coach: »Ist es nicht vielmehr so, daß Sie Ihren katholischen Glauben als Vorwand benutzen, Ihre Frau, die Sie nun einmal verlassen möchte, nicht loszulassen?«

Horst: »Vielleicht.«

Coach: »Sie meinen wohl ›ja‹. Solange Sie sich aber nicht dazu durchgerungen haben, Ihr Stadium des Stillstehens in Aktivität zu wandeln, solange bekommen Sie weder Ihre Frau zurück noch finden Sie eine neue. Öffnen Sie sich, überwinden Sie Ihre inneren Grenzen, geben Sie Ihre starre ›Ich-bin-ich-Haltung‹ auf. Sie werden überrascht sein, wie viele ›Ichs‹ es noch in Ihnen gibt, die auf Entfaltung und Erfüllung warten.«

Nach einiger Zeit gesteht **Horst,** daß seine Frau oft über seine mangelnde sexuelle Phantasie klagte. Es stellt sich heraus, daß Horst enorme Angst vor Veränderung, vor

Wandlung, vor Vergänglichkeit schlechthin hat. Daraus resultiert sein Lebensmotto: Sicherheit geht vor. Jede Entfaltung in eine spielerische oder kreativ gestaltete Daseinsführung läßt in ihm das Warnschild »Achtung Chaos!« aufblitzen. Chaos bedeutet für Horst Untergang. Dieses Gefühl kannte er schon als Kind. Jede Veränderung im Verhalten seiner Eltern war für ihn nicht mehr einzuordnen. Heute reduziert er sein Leben auf den Sicherheits-Sektor, von dem er weiß, daß ihm dadurch zumindest ein zum Überleben ausreichendes Mindestmaß an Liebe und Anerkennung gewiß ist. Seine Prinzipien heißen: Ordnung, Sauberkeit, Pünktlichkeit, Sparsamkeit und Rechtschaffenheit. »Das erinnert mich an Dienst nach Vorschrift. – Ich streike«, sagte seine Frau gelegentlich. Horst, der in dem Gefühl lebt, alles richtig zu machen, verstand die Warnung seiner Frau nicht. »Jetzt streike ich auf Dauer«, sagte seine Frau, als sie ihn verließ. Horst akzeptiert diese Tatsache noch immer nicht. Er gibt nach wie vor seiner Frau die Schuld am Zerwürfnis. Doch solange er in dieser Haltung verharrt, wird sich sein Leben nicht zum Positiven verändern.

Der Bunte

Mike: »Ich habe eigentlich nie eine feste Beziehung gewollt. Das kann doch nicht gutgehen – wie man an meinem eigenen Beispiel sieht. Gerade in der heutigen Zeit, in der man nicht mehr ein Leben lang zusammenleben muß. Ich dachte, es sei möglich, daß Frauen aufgrund ihrer Emanzipation akzeptieren können, daß ein Mann mehrere Frauen braucht. Aber offenbar kommen sie damit nicht zurecht. Wie ihre Großmutter will jede ihren ›Kerl‹ an das Heim fesseln.

Ich gehe davon aus, daß der Mann vier Frauen braucht:

Die Geliebte, mit der er schwärmt, tanzt und liebt.

Die Mutter, die ihn annimmt und versteht, auch wenn er traurig oder krank ist oder sich selbst nicht mehr versteht.

Die Tochter, die er retten und beschützen kann und die in ihm den Helden sieht.

Die Assistentin, mit der er Projekte durchsprechen, gemeinsam kalkulieren und planen kann, mit der er die nächsten Karriereschritte durchspielt oder gar beschreitet.«

Coach: »Ich kenne Frauen, die verkörpern diese vier Aspekte in einer einzigen Person.«

Mike: »Das glaube ich nicht, das wäre zu einfach.«

Coach: »Wollen Sie es möglicherweise gar nicht so einfach?«

Mike: »Kann sein, auf alle Fälle hat Sonja nicht akzeptiert, daß ich mehr brauche. Von allem mehr. Deshalb ist sie gegangen. Aber es macht ja nichts. Andere Mütter haben auch schöne Töchter. Und ich will ohnedies frei sein.«

Coach: »Weshalb sind Sie dann hier?«

Mike: »Weil ich leide.«

Coach: »Mir scheint, Sie mißinterpretieren den Begriff der Freiheit. Es gibt Freiheit von etwas, aber auch Freiheit für etwas. Welche Freiheit wollen Sie?«

Mike: »Eigentlich sehne ich mich nach einer starken Frau, die mir sagt, was ich zu tun habe.«

Coach: »Sehen Sie, Sie wollen für eine solche Frau frei sein – gleichzeitig aber haben Sie Angst vor ihr. Sie können Ihren Konflikt nur auflösen, wenn Sie beginnen, selbst stark zu werden – ohne sich Stärke einzubilden, wie Sie es gegenwärtig tun. Nach innen hin stark sein, nicht nach außen, wie Sie es vorgeben. Denn Ihre äußere Stärke versteckt nur Ihre innere Schwäche. Wenn Sie lernen, innerlich stark zu sein, wenn Sie zum Wunsch hinter dem Wunsch durchdringen, dann können Sie auch von Ihrer Idee frei werden, ungebunden und ohne Verantwortung übernehmen zu müssen lieben zu wollen, und werden auf ein weibliches Wesen treffen, das Sie nicht mehr ablehnen müssen, sondern mit dem Sie gemeinsam die wirkliche Freiheit des ›Füreinander‹ kennenlernen.«

Mike: »Wo soll ich denn eine solche Frau kennenlernen?«

Coach: »Diese Frage gehört zwar nicht hierher, aber sie offenbart einen ganz wesentlichen Charakterzug Ihrer Persönlichkeit: Sie haben Angst vor sich selbst, vor Ihren Fähigkeiten. Deshalb möchten Sie sich auch nicht für lange Zeit binden. ›Wasch mich, aber mach mich nicht naß‹, heißt Ihre Devise. Frauen spüren eine solche Einstellung. Deshalb wird Ihnen eine Begegnung mit einem weiblichen Wesen, das tatsächlich Ihren Wünschen und Vorstellungen entspricht, nicht gelingen. Sie werden sich weiterhin den Frauen zuwenden, von denen Sie nichts zu befürchten haben. Aber das wird Sie nicht restlos befriedigen. Immer bleibt die

Sehnsucht nach der einen, die Sie meinen, nicht bekommen zu können. Sie wartet aber bereits auf Sie. Und sie wartet darauf, daß Sie zu Ihrem eigenen Wesen durchdringen, daß Sie nicht länger herumspielen, sondern eine ›Lust am ernsten Gefühl‹ entwickeln.«

Mikes Partnerschafts-Motto würde von *Hermann Hesse* wohl mit »Und jedem Anfang wohnt ein Zauber inne« überschrieben. Er wirkt faszinierend, charmant, herzbrechend; als Ehemann aber wäre er eine vollkommene Fehlbesetzung. Denn seine Angst vor Beständigkeit, seine ungebändigte Lust an der stets neuen Herausforderung führt dazu, daß ihm jede Partnerin nach einer gewissen Weile als langweilig erscheint, bzw. daß er sich bei ihr eingeengt, gebremst, gehindert fühlt. Mike unterliegt deshalb der Fehlvorstellung, daß es besser ist, sich nicht auf einen einzigen Menschen zu verlassen, um nicht eines Tages verlassen zu werden. Diese frühkindliche Verlustangst, die sich aus der Tatsache entwickelte, daß beide Elternteile wenig Zeit für ihn hatten und er eigentlich von den Großeltern erzogen wurde, hat sich bis heute in ihm erhalten und prägt nun sein Partnerschaftsverhalten. »Quantität statt Qualität« ist seine Devise. Er entwickelt Charme, um möglichst viele Menschen »locker« an sich zu binden. Damit will er sichergehen, daß jemand zur Verfügung steht, falls er einmal einen Menschen braucht.

Das war der Fall, als Mike auf der Intensivstation lag. Da sie ihn nicht besuchen durften, schrieben ihm seine drei wichtigsten Ex-Partnerinnen. Sie wünschten ihm einen neuen Anfang und erklärten ihm die eigentlichen Gründe für ihr Weggehen.

Lieber Mike,
jetzt möchte ich, daß Du vor allen Dingen wieder rasch gesund wirst. Vielleicht hilft es Dir, wenn ich Dir sage, daß ich eigentlich nie aufgehört habe, Dich zu lieben. Obwohl ich nicht mehr mit Dir leben wollte – und es eigentlich auch heute nicht will –, kann ich es schlecht ertragen, Dich mit einer anderen Frau im Arm sehen zu müssen, oder Dich überhaupt nicht mehr sehen zu können. Du warst und Du bist in meinem Leben sehr wichtig, aber, und ich hoffe, Du verstehst das richtig, eher als guter Freund oder als großer Bruder, den ich leider nie hatte. Das soll nicht bedeuten, daß Du für mich sexuell vollkommen reizlos wärest, sondern daß ich Deine emotionalen Heiß-kalt-Duschen einfach nicht mehr ertragen konnte. Ich mußte mich einfach schützen, um weniger zu leiden. Das solltest Du wissen.
Als Mann würde ich vielleicht zu Dir sagen: Ich liebe Dich auf meine Art. Ich denke oft an Dich, und ich wünsche Dir soviel Glück und Liebe in Deinem zukünftigen Leben, das nach der jetzigen schweren Zeit hoffentlich frei von Krankheiten sein wird.
Alles Gute
von Veronika

Lieber Mike,
es ist schon ab und zu sehr komisch in diesem Leben, daß man erst Krisen und Probleme braucht, um wieder miteinander zu reden. Damals schon hätte ich Dir sagen sollen, daß es gar nicht an Dir als Person lag, daß ich es einfach nicht mehr ausgehalten habe. Es war die Situation. Immer wenn Du zu Deinen Eltern gefahren

bist oder eine Exfreundin getroffen hast – und es gab wahrlich genug Anlässe: Weihnachten, Geburtstage, Allerheiligen, Familientreffen –, da habe ich mich so furchtbar ausgegrenzt gefühlt.
Ich weiß, daß Du damals noch nicht bereit warst, eine neue Beziehung einzugehen. Und vom Kopf her habe ich das auch voll verstanden und auch akzeptiert. Aber meine Gefühle ließen sich durch dieses Argument nicht beeinflussen. Ich wollte, daß Du zu mir stehst und das auch den andren klarmachst. Also mußte ich – obwohl ich darunter wahrscheinlich mehr gelitten habe als Du – adieu sagen.
Schade, es hätte so schön sein können.
Mein Wunsch ist, daß Du bald wieder ganz gesund wirst und dann ein Leben führst, wo Du all diese mühsamen Stationen umsetzt in neue Chancen. Unsere Erfahrungen sollen nicht umsonst gewesen sein.
Mit herzlichen Grüßen
von Monika

Lieber Mike,
damit Du weißt, daß ich an Dich denke, hier ein paar wichtige Zeilen aus meinem Herzen: Es war gut mit Dir. Aber wir haben doch überhaupt nicht zusammengepaßt! Der Sex war gut. Das stimmt. Doch der Alltag war schwierig. Du konntest Dich nie richtig entscheiden, wolltest auf allen Hochzeiten tanzen. Und nie wolltest Du mit mir über unsre Schwierigkeiten reden. Vielleicht nutzt Du jetzt die Zeit, um über alles nachzudenken und herauszufinden, was Du wirklich willst.
Ich habe inzwischen einen soliden und treuen Ehe-

mann und eine wundervolle kleine Tochter. Vielleicht kommst Du uns mal besuchen? Ich denke gerne an unsere gemeinsame Zeit zurück, aus der ich viel lernen konnte, vor allem, zu wissen was ich will. Das scheint wohl das Wichtigste im Leben zu sein.
Für Deine Zukunft – Gesundheit, Liebe und Glück – wünsche ich Dir alles, alles Gute
Gisela

Oft sind schwere Krisen notwendig, um den Mut zur Wahrheit aufzubringen.
Rechtzeitiges Miteinander-Reden kann Entfremdung frühzeitig auflösen und so Trennungen unter Umständen sogar verhindern. Das erfordert konkret: aktives Zuhören, den Partner mit seiner Meinung spürbar zu respektieren und sich gemeinsam verantwortlich für die Beziehungsarbeit einzusetzen.
Im Laufe des Seminars wurde dem Coach transparent, welcher der Teilnehmer mit welchem Problem zu kämpfen, welcher bereits wieviel Bewußtsein über seine Situation und wer welche Lernziele anzustreben hatte. Jeder Teilnehmer bekam für die Abendstunden zwischen den beiden Seminar-Tagen ein spezielles Programm zur Orientierung als Trennungs-Bewältigungs-Meditation. So konnten die verlassenen Männer sich aus den Trennungs-Bewältigungs-Strategien die drei für sie wichtigsten Lernziele heraussuchen.
Am nächsten Tag wurden dann nicht nur die Inhalte besprochen, sondern auch die Auswahl, die vom Coach kommentiert wurde. Dieser zweite Tag des Seminars bestand vor allem darin, die Lernziele in die jeweils ein-

maligen Lebenssituationen der Teilnehmer zu transportieren, sie als neue, relevante Lebens-Programmpunkte in das Bewußtsein der Männer zu rücken und sie in den Alltag – die Zukunft simulativ vorwegnehmend – zu transferieren.

Zunächst wurden jedoch die **8 größten Fehler, die der verlassene Mann begehen kann,** erörtert. Diese sind:

1. Selbstmitleid

»Mir geht es elend.«
»Ich will niemanden sehen.«
»Ich habe im Leben versagt.«

2. Grübeln (im Kreis denken)

»Was hat der andere, das ich nicht habe?«
»Finde ich jemals wieder eine Partnerin?«
»Bin ich ein Versager?«

3. Alkoholkonsum ohne Maß

»Dann spürt man wenigstens nicht, wenn es wieder anfängt, weh zu tun.«

4. Bordellbesuche

»Da hat man keine Probleme, braucht nicht ständig zu diskutieren, sondern kommt zur Sache – und zwar so, wie ich es will.«

5. Hoffen

»Vielleicht wird sie doch wieder vernünftig und kommt zu mir zurück.«

6. Illusionen

»Manchmal, wenn es klingelt, denke ich, vielleicht steht sie vor der Tür – und dann wird doch noch alles gut.«

7. Rache

»Mir fällt genug ein, um ihr das Leben ohne mich zu vermiesen.«

8. Zuviel arbeiten
»Probleme? Nein. Business comes first.«

Zum letzten Punkt: Die Flucht aus dem wirklichen Leben – hinein in eine regelrechte Arbeitssucht – hat in den USA dazu geführt, daß unter dem Namen »Workaholics Anonymous« (WA) Selbsthilfegruppen eingerichtet werden mußten – ähnlich den Zentren der Anonymen Alkoholiker. In einem Fragebogen der WA kann man testen, ob man bereits zur gefährdeten Gruppe gehört. Wenn man mehr als drei Fragen mit Ja beantwortet, verhält es sich so:

1. Wirkt Ihre Arbeit anregender auf Sie als Ihre Familie oder sonst etwas?

2. Passiert es, daß Sie Ihre Arbeit manchmal im Eiltempo durchziehen und bei anderer Gelegenheit überhaupt nichts zustande bringen?

3. Nehmen Sie Arbeit mit ins Bett? Ins freie Wochenende? In den Urlaub?

4. Ist Arbeiten die Beschäftigung, die Sie am liebsten tun und über die Sie am meisten reden?

5. Arbeiten Sie mehr als vierzig Stunden in der Woche?

6. Machen Sie aus Ihren Hobbys Unternehmungen, die Geld einbringen?

7. Übernehmen Sie die volle Verantwortung für die Resultate Ihrer Bemühungen?

8. Haben Ihre Familienmitglieder oder Ihre Freunde aufgegeben, mit Ihrem pünktlichen Erscheinen zu rechnen?

9. Übernehmen Sie zusätzliche Aufgaben, weil Sie befürchten, daß diese sonst nicht erledigt werden?

10. Unterschätzen Sie erst, wie lange ein Projekt dauern wird, und hetzen Sie dann, um es fertigzustellen?
11. Glauben Sie, es sei in Ordnung, länger als normal zu arbeiten, wenn man seine Arbeit gern tut?
12. Werden Sie ungeduldig, wenn Sie mit Leuten zu tun haben, denen andere Dinge wichtiger sind als die Arbeit?
13. Haben Sie Angst, daß Sie Ihren Job verlieren oder ein Versager sind, wenn Sie sich nicht abrackern?
14. Machen Sie sich ständig Sorgen um die Zukunft, selbst wenn alles sehr gut läuft?
15. Gehen Sie an alles, was Sie tun, mit vollem Energieeinsatz und Ehrgeiz heran, auch an Spiele?
16. Reagieren Sie gereizt, wenn jemand verlangt, daß Sie Ihre Arbeit unterbrechen, um etwas anderes zu tun?
17. Haben sich Ihre Überstunden schädlich auf Ihre Familie und andere menschliche Beziehungen ausgewirkt?
18. Denken Sie an Ihre Arbeit beim Autofahren, vorm Einschlafen oder während sich andere Leute miteinander unterhalten?
19. Arbeiten oder lesen Sie beim Essen, wenn Sie eine Mahlzeit allein zu sich nehmen?
20. Glauben Sie, daß mehr Geld Ihre sonstigen Probleme lösen würde?

Der Coach empfiehlt im Verlauf des Seminars **11 Strategien zur Vermeidung dieser Fehler** und zu einem gelungenen Neubeginn des Liebeslebens.
Diese Lernziele heißen:

1. Selbstmitleid abbauen

Viele verlassene Männer haben nach einigen Wochen des Trauerns plötzlich nur noch den einen einzigen Wunsch: »Ich will sie wiederhaben! Wie konnte ich nur zulassen, daß sie von mir ging? Jetzt sehe ich alles viel klarer!« Diese Männer unterliegen einer Illusion. Würde ihre Partnerin zurückkehren, und würden sie selbst all die scheinbar neuen Erkenntnisse in die Tat umsetzen, dann müßten sie nach vier Wochen erkennen, daß es nicht geht. Ein Mensch kann sich ändern, eine Beziehung fast nie. Deshalb ist es müßig zu hoffen, daß sich das »Verhältnis« wieder einrenkt, wenn man sich nur richtig darum bemüht. Denn was nicht mehr paßt, soll nicht mehr zusammensein – wie die Kinderschuhe, aus denen man herausgewachsen ist.

Statt rückwärts zu blicken, gilt es jetzt, nach vorn zu schauen und sich dabei zu fragen: Bin ich noch ein Abhängiger, ein Süchtiger, oder ist das, was ich hier als innerer Motor verspüre, als gesundes Bedürfnis einzuordnen?

Grüble ich **oder** denke ich nach?

Bin ich aggressiv **oder** energiegeladen?

Angespannt **oder** entspannt?

Lächle ich gequält **oder** freudig?

Will ich vieles »mit Gewalt erreichen« **oder** kann ich es »fließen lassen«?

Blockiere ich **oder** lasse ich zu?

Verbiete ich mir Kontakte **oder** erlaube ich sie mir?

Fühle ich mich als Opfer **oder** als Täter?

»Werde ich gelebt« **oder** *führe* ich *mein* Leben?

Denke ich immer nur an sie **oder** will ich einen neuen

Kreis von Menschen, in dem ich vielleicht eine neue Partnerin finde?

2. Rückfall-Gefahr verhindern

Alles, was Sie an Ihre Ex-Partnerin erinnert, sollten Sie soweit es geht vermeiden. Der Trennungs-Vorgang ist mit einer tiefen Verletzung des Körpers vergleichbar. Die Wunde muß in Ruhe verheilen können. Jede Irritation würde verhindern, daß sie sich schließt. Interessanterweise wachsen an den Stellen, an denen sich die Narben bilden, keine Nerven nach, so daß diese Orte der ehemaligen Verletzung »taub«, also gefühllos sind – einer erfolgreichen Trennungs-Bewältigung ähnlich.

Konkret heißt die Empfehlung: Akzeptieren Sie, daß Sie verletzt sind. Auch wenn Sie vor Schmerzen oder Selbstmitleid vergehen möchten. Nehmen Sie Ihre gegenwärtige Situation an! Schonen und verwöhnen Sie sich, anstatt sich mit Drogen zu ruinieren. Versuchen Sie, zur Ruhe zu kommen und bewußt das Leben zu genießen – trotz des Schmerzes, den Sie empfinden.

Holen Sie keinerlei Informationen über Ihre Ex-Partnerin ein; lassen Sie es auch nicht zu, daß Ihnen von falschen Zeitgenossen etwas zugetragen wird wie: »Letzte Nacht habe ich das Auto von Monika vor dem Haus von XY gesehen ...« Wenn Sie etwas hören, dann antworten Sie: »Ich will nichts mehr davon wissen. Das ist jetzt ihr Leben. Ich habe das meine – und zwar von dem ihrigen getrennt!« Eine solche Haltung erfordert Kraft und Disziplin. Doch nur so versteht der gedankenlose Informant, daß er sadistisch handelt. Und Ihr eigenes Unterbewußtsein hört wieder einmal in einem deuten Statement, daß die Trennung von Ihnen nicht veifelt, sondern akzeptiert wird.

3. Tagebuch anlegen

Selbst hochkarätige und hartgesottene Manager führen, nachdem sie im Coaching waren, ihr kleines, nur ihnen zugängliches Tagebuch. Einige von ihnen verwenden dazu auch ein großes Buch, um sich die Wichtigkeit ihrer privaten Gedanken im Vergleich zur Wichtigkeit ihrer Tages-Geschäfte deutlich zu machen.

In diesem Tagebuch sollten Sie in kurzen und prägnanten Sätzen Ihre Gefühle und Gedanken verbalisieren. Halten Sie soviel Ihnen möglich ist fest, ergründen Sie Ihre innere Ambivalenz, erkennen Sie, beschreiben Sie. Was Sie notiert haben, wird Sie nicht mehr so sehr belasten. Es ist fixiert, und damit in gewisser Weise abgehandelt. Auch brauchen Sie keine Bedenken zu haben, Sie könnten es wieder vergessen. Auf diese Weise können Sie nach der ›step by step‹-Methode Ihr Herz öffnen und Ihre Gefühle und Gedanken gewissermaßen extern speichern. Ihr Unterbewußtsein wird es Ihnen zusätzlich danken, daß Sie sich zu diesen Gedanken- und Gefühlsäußerungen bekennen. Es belohnt Ihren Mut zur realistischen Selbsterkenntnis damit, daß Sie sich wohler, leichter und freier fühlen werden. Sie werden dabei auch Stolz empfinden, da Sie sich getraut haben, genau hinzusehen und das aufzuschreiben, was Sie im Augenblick bewegt. Und Schritt für Schritt wird Ihnen bewußter, daß die Verantwortung für Ihr Leben zu 100% bei Ihnen liegt. Übrigens war dies schon immer der Fall – seit Sie erwachsen sind.

4. Die Schwarz-Rot-Gold-Strategie erfüllen

Wenn ein Verlust nicht bewältigt wurde, können Depressionen die Folge sein. Der verlassene Mann muß mehrere Verluste gleichzeitig verkraften: Die Beziehung ist zu Ende, die Vertrautheit, Gewohntheit, die Partnerin als Gegenüber zum Reden, zum Zuhören, zum Anschauen, zum Streicheln, zur Sexualität, zum Ausgehen – all dies fehlt mit einem Mal. »Trauerarbeit leisten und den Verlust verkraften«, heißt die Formel, an der man das jetzige Lernziel ausrichten muß. Wie geht das konkret? Die Schwarz-Rot-Gold-Strategie gibt Ihnen eine klare Orientierung: Denken Sie an die Farbe *Schwarz:* Symbol für Trauer, Tod, das Nichts. Akzeptieren Sie Ihre Trauer über das Ende Ihrer Beziehung, den Tod der Liebe, die Sie und Ihre ehemalige Partnerin einst miteinander verbunden und zu einem einmaligen Paar verschmolzen hat. Nehmen Sie die Tatsache an, daß Zeit vergeht und diese Epoche nun zu Ende ist. Im Augenblick mögen Sie noch einseitig auf den Verlust blicken, doch Sie werden eines Tages sehen, daß es so kommen sollte und letztlich gut für Sie war...

Rot: Denken Sie an diese Farbe als Symbol für Liebe, Wut, Aggression. Entwickeln Sie ohne Scheu Wut auf Ihre Partnerin, weil sie Sie verlassen hat; oder Wut darüber, daß sie nicht erkannt hat, was Sie für sie empfanden; oder Wut auf die Tatsache, daß ein anderer Mann Ihnen die Partnerin fortgenommen hat. Wut ist gesund. Sie verhilft Ihnen dazu, die noch überstarken positiven Gefühle Ihrer Ex Partnerin gegenüber zu neutralisieren. Somit bekommt Ihr negativer Gefühls-Cocktail aus Enttäuschung, Selbstmitleid, Ärger und Kränkung ein

Ventil in die geeignete Richtung – nach außen. Dies ist besser, als eine Depression, eine Aggression nach innen, zu entwickeln.
Machen Sie folgende Übung:
Schreiben Sie Ihrer Ex-Partnerin einen Brief. Sagen Sie Ihr einmal mit all Ihren wütenden Gefühlen die Meinung. Sparen Sie nicht mit belastenden Worten. Sie wird diesen Brief nie lesen. Denn wenn Sie ihn geschrieben haben, werden Sie ihn verbrennen. Eine Feuer-Meditation: Aus der Wut Glut machen. Sie werden sehen: Es wirkt befreiend.
Gold: Diese Farbe steht für Luxus und Lebenskunst. Überlegen Sie, was Sie alles machen würden, wenn Ihre Ex-Partnerin noch da wäre... Tun Sie es trotzdem – auch wenn Sie nun allein sind. Essen Sie Kaviar, genießen Sie ein Champagner-Frühstück in einem Hotel, gönnen Sie sich Lebensqualität »vom Feinsten«. Genießen Sie Ihr Leben. Sie sind kein Höriger, kein Süchtiger, kein Sklave, sondern ein *freier Mann*!

5. Einsamkeit überwinden

Seit dem Durchschneiden der Nabelschnur, die Sie mit Ihrer Mutter verband, sind Sie einsam, ob Sie es wollen oder nicht. Einem Taucher ähnlich, der unter Wasser erlebt, daß er selbst, seine Atemgeräusche und die ihn umgebende Natur mit einem Mal seine gesamte Welt bedeuten, sollten auch Sie für Ihr Leben akzeptieren lernen, daß Sie isolierter, alleinstehender und einsamer sind, als Sie es je gedacht haben. Doch gerade in der Trennungs-Phase kommt einem dieser Kontrast zur gewohnten Alltags-Gebundenheit an einen vertrauten

Partner besonders schmerzlich zu Bewußtsein. Alle Menschen kennen das extreme Gefühl vollkommener Entwurzelung, jenen Zustand, dem man nicht ausweichen kann. Deshalb ist die Chance groß, daß Sie auf jemanden treffen, der Sie versteht.

Stellen Sie sich vor, es würde im Moment das Telephon läuten, und ein Bekannter würde Ihnen spontan vorschlagen, Sie heute abend auf einen Drink in einem Lokal zu treffen – einfach so.

Sie wären vielleicht erstaunt, weil Sie diesen Anruf überhaupt nicht erwartet hatten. Doch Sie würden sich darüber freuen, daß jemand an Sie denkt und sich mit Ihnen verabredet, um sich mit Ihnen auszutauschen, zu plaudern, zu unterhalten. Und genauso wie Sie sich über diesen Anruf freuen, freut sich ein Freund oder Bekannter, wenn Sie die Initiative ergreifen und ein kurzfristiges Treffen vorschlagen. Nicht lange zögern, planen oder zweifeln also. Handeln! Anrufen!

6. Selbstmordgefahr abbauen

Derzeit nehmen sich in der BRD etwa 13 000 Menschen pro Jahr das Leben. Das sind statistisch gesehen etwa 20 von 100 000 Einwohnern. In der ehemaligen DDR waren es sogar 28, in England sind es 12, in Italien nur 6, und in Brasilien noch weniger. Die Suizidrate ist also dort niedrig, wo die Menschen kommunikativ sind, Wege zur Aggressionsentladung besitzen und sich im Sozialverhalten unkomplizierter geben.

In Deutschland tötet sich alle 42 Minuten ein Mensch. Von den depressiven Patienten stirbt jeder 6. durch Selbstmord.

Was kann nun der Angehörige tun, wie kann man vorbeugen? Woran erkennt man eine ernstzunehmende Selbsttötungsabsicht? Keiner hat gelernt, sich in solchen Fällen »richtig« zu verhalten. Doch es gibt Ergebnisse der Depressionsforschung, die Aufschluß über richtiges Verhalten bieten: »Wer von Selbstmord redet, der tut es nicht.« Falsch! 8 von 10 Suizidanten kündigen ihre Tat vorher unmißverständlich an.

»Wer sich mit Selbstmord beschäftigt, ist sowieso nicht davon abzuhalten.« Falsch! Auf einen erfolgreichen Suizid gehen 10–20 Suizidversuche, die oft als Spiel mit dem Schicksal gewertet werden oder als Appell an die Mitmenschen, den Suizidanten zu retten, ihn zu unterstützen oder als hilfsbedürftig anzuerkennen.

»Der Selbstmord eines Dritten wirkt abschreckend.« Falsch! Anstatt abschreckend wirkt der Selbstmord, z. B. eines Freundes, Verwandten oder Mitpatienten, eher ansteckend. Ein potentieller Selbstmörder wird dadurch manchmal »auf die Idee gebracht« oder darin bestärkt.

»Wenn es ihm ganz schlecht geht, ist er am meisten gefährdet.« Falsch! Die Erfahrung zeigt, daß der depressive Mensch nicht zum Zeitpunkt seines größten Tiefs am gefährdetsten ist, sondern kurz danach, wenn es mit ihm wieder aufwärts zu gehen scheint. Die Ursache für diesen zunächst unlogisch erscheinenden Zeitpunkt für einen Suizidversuch liegt darin, daß der Depressive nach dem lähmenden Stimmungstief wieder anfängt, Kraft zu schöpfen und zu ersten Entscheidungen fähig wird, die aber noch von seiner Hoffnungslosigkeit und Verzweiflung bestimmt sind.

Jedem Selbstmord-Gefährdeten seien drei Strategien empfohlen:
a) Schreiben Sie einen Abschiedsbrief: Nur für sich selbst.
Diesen Brief wird niemand anderes zu lesen bekommen. Nach aller Erfahrung ist das Schreiben ein sehr effektiver Weg sowohl zur Selbstbestimmung als auch zur Klärung der eigenen Situation in der Welt – so daß man ab dem Zeitpunkt dieser Bilanz kathartisch – also von allem gereinigt – mit dem Leben neu beginnen kann, vielleicht sogar als »Neuer Mann«.
b) Nehmen Sie sich vor, noch vier Wochen durchzuhalten (was sind schon vier Wochen im Vergleich zu -zig Jahren) und sich nach genau vier Wochen zum selben Zeitpunkt erneut zu fragen, ob Selbsttötung tatsächlich der beste Lösungsweg ist.
c) Falls Sie ernsthaft mit dem Gedanken an einen Selbstmord spielen, dann brauchen Sie auch keine finanziellen Rücklagen mehr. Lösen Sie Ihr Sparkonto auf, kaufen Sie sich, was Sie schon immer haben wollten, machen Sie eine Reise oder leisten Sie sich etwas Ausgefallenes. Sie können mutig sein, Sie haben nichts zu verlieren. Leben Sie die nächsten vier Wochen so, wie Sie es immer wollten. Vielleicht ist das der neue Weg.

7. Eifersucht bewältigen

Wir alle haben noch das Kleinkind in uns, das gerade mit *dem* Spielzeug spielen will, das ihm ein anderes Kind weggenommen hat. Immer wenn wir einen Verlust erleben, geraten wir in das Gefühl von Abhängigkeit, das die gesamte Identität zu erschüttern vermag.

Um die nagende Eifersucht zu bewältigen, öffnen Sie sich bitte folgenden Gedanken:
Jeder Mensch ist liebenswert.
Eine schlechte Beziehung bedeutet nicht, daß einer der Partner oder gar beide »nichts taugen«, sondern daß sie nicht zusammenpassen.
Eine gute Beziehung bedeutet nicht, daß es sich hier um zwei besonders wertvolle Menschen handelt, sondern daß die beiden eben zusammenpassen.
Was nicht mehr zusammenpaßt, soll nicht mehr zusammensein. Diesen Satz werden Sie eines Tages unterstreichen. Er hilft Ihnen auch, dann mit sich selbst klarzukommen, wenn Ihre Eifersucht Sie verrückt machen will. Mit Eifersucht erreichen Sie nichts – höchstens das Gegenteil von dem, was Sie anstreben. Ihre Eifersucht spricht für Ihre Verlustangst, Ihre Minderwertigkeitsgefühle und für die Projektion Ihrer eigenen Untreuetendenzen. Eifersüchtig ist, wer seiner selbst unsicher ist und nur ungenügende Möglichkeiten zur Entfaltung seiner Liebe findet. Sie können auf das vermeintliche Glück, das Ihre Ex-Partnerin im Augenblick mit einem anderen Mann genießt, nicht eifersüchtig sein: Denn diese Frau gehört nicht mehr zu Ihrem Leben. Sie besitzen aber noch ein inneres Bild von ihr. Dieses müssen Sie gewissermaßen von der Wand abhängen – damit beenden Sie auch die inneren Kämpfe.

8. »Gedanken-Stop« und »Selbst-Dressur« durchführen

Sie haben in Ihrer Persönlichkeits-Bildung bereits viel Disziplin entwickelt. Machen Sie nun, wenn Sie einen neuen Menschen treffen, nicht dort weiter, wo Sie aufgehört haben. Denn es kann vorkommen, daß Sie die Gedanken an Ihre Ex-Partnerin hin und wieder überwältigen. Dieser Vorgang ist natürlich, und Sie sollten deswegen nicht mit sich hadern. Doch wenn Sie nach Monaten immer noch von Schmerz und Trauer – trotz einer neuen Partnerin – gebeutelt sind, ist es Zeit, daß Sie die Techniken des »Gedanken-Stops« und der »Selbst-Dressur« anwenden.

Beim »Gedanken-Stop« (einer Technik zum Löschen negativer Gedanken) werden Sie immer dann, wenn Sie sich bei Selbstmitleid, Wehmut oder deprimierter Rückschau ertappen, das Wort *Stop* sagen. Dadurch wird Ihr Gedankenfluß unterbrochen. Die Szene, in der Ihre Ex-Partnerin eben noch vorkam, wird exakt an dieser Stelle geschnitten. Dafür richten Sie nun Ihre Vorstellungskraft auf ein aufregendes, schönes Bild, eine Vision von jener Zukunft, die Sie für sich selbst, aber ohne Ihre Ex-Partnerin, anstreben. Diese Vision gibt Ihnen unbewußt die Möglichkeit, Ihre zukünftige Lebenssituation als neue Identitäts-Definition zu erkennen. »Jetzt bin ich frei und habe alle Möglichkeiten dieser Welt, um mein Leben nach meinen Bedürfnissen zu gestalten.«

Bei der »Selbst-Dressur« gehen Sie noch radikaler vor. Sie setzen sich hin und schreiben auf ein Blatt Papier die fünf tragischsten Trauer-Frage-Sätze:

Warum . . . .?
Warum . . . .?
Warum . . . .?
Warum . . . .?
Warum . . . .?

Ein solcher Satz kann z. B. lauten: Warum hat sie mich verlassen, als es mir besonders schlecht ging?
Wenn Sie alle fünf Sätze aufgeschrieben haben, wählen Sie denjenigen, der Sie am stärksten verzweifeln läßt. Nun nehmen Sie ein Lineal zur Hand und schlagen genau dann, wenn Sie diesen Satz vor sich hin gesprochen haben, sozusagen als »akustisches Ausrufezeichen«, laut hörbar auf den Tisch, so daß es einen unangenehmen Knall gibt. Scheuen Sie sich nicht, diese Übung tatsächlich zu praktizieren, denn sie wirkt. Sie sollten sie nutzen, um Herz und Gehirn wieder frei zu machen.
Nachdem Sie obigen Vorgang einmal vollzogen haben, lassen Sie das letzte Wort weg und schlagen dann das Lineal erneut auf den Tisch. Beim nächsten Mal wird wieder ein Wort weggelassen. Am Ende der Übung werden Sie gleich nach dem Wort *warum* durch Ihr kräftiges Knallen zusammenzucken. So gewöhnen Sie Ihrem Unterbewußtsein die Grübelei ab.
Wollen Sie aber doch hin und wieder über Ihre Sätze nachdenken, dann wählen Sie statt des Worts *warum* lieber den Ausdruck *wozu* – und zwar nach folgendem Muster:
Wozu wird die Trennung gut für mich sein?
Wozu kann ich die Situation nutzen?
Wozu habe ich mir dieses Verhalten angewöhnt?

9. Sexualität offen besprechen

Vielleicht gehören Sie zu der Gruppe von Männern, die glauben, ihre Potenz sei nicht ausreichend, um ihre Frau zu befriedigen.
Dieser Gedanke ist eine vorschnelle Interpretation von

Statistiken. Sie können davon ausgehen, daß Ihre ehemalige Partnerin etwas anderes wollte, als Sie ihr zu geben bereit waren. Möglicherweise war es ihr Wunsch nach mehr Zärtlichkeit, nach mehr gemeinsamer Zeit mit Ihnen – Forderungen, die Sie nicht erfüllen konnten oder wollten. Akzeptieren Sie die Entscheidung Ihrer Ex-Partnerin, zu gehen. Zweifeln Sie deshalb nun nicht an Ihren sexuellen Fähigkeiten! Wissenschaftliche Befragungen haben ergeben, daß die wenigsten Frauen ihren Mann wegen sexueller Defizite verlassen – auch wenn sich das Märchen darüber hartnäckig hält.
Gehen Sie also in die nächste sexuelle Begegnung mit einer Frau in der Gewißheit, »normal« zu sein. Wenn Sie zu Beginn Schwierigkeiten mit Ihrer Erektion oder Ejakulation haben sollten, so sprechen Sie mit Ihrer neuen Partnerin über Ihre Ablösungs- und Bewältigungsproblematik. Wenn sie wirklich an Ihnen interessiert ist, wird sie Ihnen helfen und glücklich darüber sein, soviel Vertrauen von Ihnen zu erfahren.

10. Kontakte bewußt aussuchen

Selbst wenn Sie eine äußert stabile und charakterfeste Persönlichkeit besitzen, gilt: Jeder Kontakt beeinflußt Sie – mehr oder weniger. In Ihrem Gehirn bleiben die Eindrücke als Erinnerungen gespeichert. Nun gibt es drei Arten von Kontakten:
Diejenigen, denen Sie ausgeliefert sind, wenn z. B. der Briefträger klingelt, das Telephon läutet, der Tankwart mit Ihnen spricht oder der Nachbar etwas von Ihnen möchte. Die zweite Gruppe von Kontakten sind die, die Sie intuitiv wählen: Das TV-Programm beim Umschal-

ten, der Mensch, den Sie spontan anrufen, um Kraft oder Trost zu erbitten usw. Und es gibt die bewußt gewählten Kontakte: Mit wem Sie z. B. ins Theater, ins Kino oder zur Vernissage gehen; mit wem Sie abendessen, tanzen, schlafen oder diskutieren wollen. Wählen Sie bei dieser Art von Kontakten nur solche, von denen Sie annehmen können, daß es Ihnen »danach« besser geht als vorher. Es gibt z. B. Menschen, die Ihnen ständig vermitteln, daß das Leben für Sie jetzt eigentlich gelaufen sei, daß Sie ein »armer Tropf« sind, weil Sie diese »tolle Frau« verloren haben. Meiden Sie Kontakte dieser Art, sie helfen Ihnen nicht und bringen Sie kein Stück weiter. Sie brauchen Menschen, bei denen Sie sich – auch nachdem Sie mit ihnen zusammenwaren – frei fühlen, zuversichtlich, angenehm berührt. Sie brauchen positive, aufmunternde Einflüsse, die ein Gegengewicht zu Ihren noch immer negativen Gedanken bilden. Öffnen Sie sich diesen Einflüssen, egal ob sie von Büchern, Filmen, Vorträgen oder Menschen ausgehen.

11. Selbst-Programmierung und Selbst-Hypnose anwenden

Angenommen, Sie gehen aus, um etwas Trost zu finden und vielleicht einen Menschen zu treffen, der Ihnen vermittelt, daß Sie liebenswert sind, daß Sie es wagen dürfen zu glauben, daß es um Sie nicht ganz hoffnungslos bestellt ist... Dennoch ziehen Sie sich immer wieder zurück. Was ist geschehen? Sie glauben, daß niemand sich um den Menschen, der Sie gegenwärtig sind, freiwillig kümmern würde – außer jemand mit Rettungsphantasien, oder jemand, der bald anfangen wird, Ihnen

die Ohren vollzureden, weil es ihm noch schlechter als Ihnen ergehe. Gehen Sie nicht in diese Falle und schaden Sie sich nicht selbst. Es wird immer Menschen geben, die Sie um Ihrer selbst willen mögen, und andere, die Sie für ihre Zwecke benutzen wollen. Treten Sie als Gestalter und nicht als Opfer auf. Wenn Sie angeschlagen oder schwach sind, spürt Ihr Gegenüber das instinktiv – ein Relikt aus animalischer Zeit. Ein krankes Tier ist schneller zu erledigen – deshalb programmieren Sie sich selbst auf Gewinn. Ziehen Sie sich zurück oder treten Sie als Gewinner auf, denn dementsprechend werden Sie von Menschen, die Sie ausnutzen wollen, behandelt. Die Folge davon ist, daß Sie sich auch als Gewinner fühlen, was wiederum zur Folge hat, daß Sie tatsächlich (wieder) einer werden.
Wenn Sie diese 11 Strategien nun umsetzen, wird vieles in Ihrem Leben einfacher und klarer werden.
Doch seien Sie nicht zu ungeduldig mit sich. Die psychologische Forschung belegt, daß die Bewältigung einer Trennung etwa die Hälfte der Zeit der gelebten Beziehung in Anspruch nimmt. Bei einer durch Psychotherapie/Coaching oder Seminare professionell begleiteten Trennung verkürzt sich diese Zeit drastisch.
»Bewältigen« bedeutet hier ganz konkret, wieder lachen zu können, Lust haben, Kontakte zu pflegen, also wieder Interesse an einem intensiven und engagierten Leben zu haben.

Zum Abschluß des Seminars will ich Ihnen das Ergebnis einer Studie vorlegen, die das Sample-Institut im Jahre 1989 an 1070 Frauen und 930 Männern durchführte. Es ging dabei um die Frage nach dem idealen Partner.

Demnach sollte der **Traummann** folgende Eigenschaften haben:

ehrlich und offen (91%)
treu (88%)
zärtlich (79%)
gute Manieren (78%)
intelligent (69%)
häuslich (60%)
beruflich engagiert (56%)

Bei der **Traumfrau** suchten Männer folgendes:

Treue (88%)
Zärtlichkeit (88%)
Großzügigkeit (66%)
Intelligenz (59%)
Interesse am Sex (56%)

Als zentrale Vision orientieren Sie sich an unserem im Seminar eingeübten **G.R.I.B.S.**, Ihrem neuen **G**eschlechts-**R**ollen-**I**dentitäts-**B**ewußt-**S**ein. Ihr Entwicklungsfortschritt steht und fällt mit der Konzentration auf ein solches »Bewußt-Sein«. Durch dieses wird aus dem Opfer-Mann ein Verantwortungs-Mann, der nicht schreit, prügelt oder weint, weil ihn die Frau »provozierte«; er wird auch von der Frau (konkret und abstrakt) nicht mehr verlassen, weil er als kommunikationsfreudige Persönlichkeit (mit mehr G.R.I.P.S.) die Andersartigkeit der Frau als Bereicherung genießt.

Wissenschaftliche Erkenntnisse zur Trennungs-Bewältigung

Ein wissenschaftlich untersuchtes Trennungs-Bewältigungs-Seminar in Detroit, bei dem sich 39 Teilnehmer viermal in einwöchigem Abstand trafen, erbrachte, daß die professionell geleiteten Trainings besonders in 5 Bereichen Hilfen lieferten. Das Ergebnis war:
– eine positivere und genauere Einschätzung des eigenen Selbst
– eine positivere Bewertung der Begriffe *Trennung, Scheidung, Gegenwart*
– eine negativere Bewertung des Begriffs *Ex-Partner*[8]

Es sind vor allem drei essentielle Hilfestellungen, die durch Trennungs-Bewältigungs-Programme gegeben werden können.

Konkret sind es folgende Lernziele:
– psychologische Bewältigungs- und Kommunikations-Strategien
– Aufbau und Pflege eines neuen Freundeskreises
– Entwicklung und Einübung eines stabilen Selbstwertgefühls[9]

Positive Veränderungen in der Scheidungs- und Trennungs-Verarbeitung durch gezielte Programme konnten letztlich vor allem für folgende drei wichtigen Lebensbereiche erzielt werden:
– Verbesserung des Selbstwertbewußtseins mit Verringerung der Tendenz zur Depression[10]
– Verbesserung der Akzeptanz der Scheidung und Klärung der Einstellung zum Ex-Partner durch bewußte emotionale Ablösung[11]

– Aufhebung der Isolation durch Verbesserung und Steigerung des Kontaktes zu Freunden
zu Verwandten
der Beziehungsfähigkeit allgemein[12]

Als Gewinn empfanden es die Seminarteilnehmer, daß sie (im Gegensatz zu den Kontrollgruppen ohne Seminarteilnahme) ihre zwanghaften Gedanken und Ängste – vor allem neurotische, also unbegründete Angst und Zukunftsangst – abzulegen begannen.[13]

Die derzeitige Entwicklung macht Hoffnung: Der amerikanische Psychologe *Daniel Yankelovich* beruft sich auf Untersuchungen, nach denen 72% der Amerikaner sehr viel Zeit damit verbringen, über sich selbst und ihr Seelenleben nachzudenken. Die amerikanische Psychologin und Management-Trainerin *Janice Halper* wollte genauere Daten und befragte dazu 4000 Männer.

Ein erschreckendes Ergebnis lieferten die über 45jährigen: Nur 6% von ihnen hielten persönliche Weiterentwicklung für wichtig. 71% von ihnen hielten Introspektion für Zeitverschwendung.

Die Hoffnung liegt bei den Jüngeren: In der Gruppe der 27- bis 45jährigen Männer wird persönliche Entwicklung von 62% begrüßt. Nur 4% halten sie für vergeudete Zeit. Als der Firmenalltag betrachtet wurde, stellte sich heraus, daß 60% der Angehörigen des mittleren Managements sich mehr feedback von ihrem Vorgesetzten wünschten. Ein klares Bekenntnis zu mehr Kommunikation. 41% bekennen, daß die Ehefrau der einzige Mensch ist, dem sie völlig vertrauen – eine Bewegung, die heute als »cocooning« bezeichnet wird: keine Freunde, wenig private Außenkontakte, aber starkes häusliches Einigeln. »Wildfremden« oder »Pseudofreunden« will man in einer Zeit des verschärften Konkurrenzkampfs offenbar immer weniger trauen.

> In ihrem Buch »Frauen und Liebe« hat Shere Hite aufgelistet, was nach ihrer Befragung Frauen an Männern vor allem bemängeln. So beklagen
> 88%, daß Männer Streit aus dem Weg gehen;
> 64%, daß der Mann keine intensiven Diskussionen führen will;
> 55%, daß Männer Gefühle negieren;
> 81% der befragten Frauen wünschen sich, daß Männer besser zuhören!

Der neue Mann

Zu Beginn dieses Buches wurde versprochen aufzuzeigen, wie der Mann sich so entwickeln kann, daß der Kampf zwischen den Geschlechtern eines Tages überflüssig wird und einem wirklichen gegenseitigen Verstehen und Vertrauen von Mann und Frau Platz macht. Sicher ist die Behauptung, der Mann ist noch kein Mensch, mehr als gewagt. Sie will nicht biologisch verstanden sein, sondern zielt vielmehr auf die Tatsache, daß es dem modernen Mann nicht gelungen ist, über vorgegebene, starre Muster hinauszuwachsen und seine ursprünglichen Tugenden wie Väterlichkeit, Fürsorglichkeit, Gelassenheit und unaggressive Stärke wiederzuentdecken.

Was bedeutet wirkliches Mensch-Sein? Es heißt in seinem tiefsten Sinne: Lieben. Wenn man voraussetzt, daß Liebe Freiheit und Frieden bedeutet (alle drei Begriffe haben übrigens dieselbe indogermanische Wurzel »fri«), dann heißt das, daß in dieser Dreieinigkeit die Liebe, die Freiheit und der Frieden miteinander identisch sind *und* sich gegenseitig bedingen. Liebe kann nicht ohne Freiheit und Frieden existieren, ebensowenig wie es Frieden ohne Liebe und Freiheit und Freiheit nicht ohne Frieden und Liebe gibt. Im Weiblichen an sich und somit in der Frau im besonderen haben sich

Liebe, Freiheit und Frieden manifestiert. Dies klingt hochgestochener, als es in Wirklichkeit ist – und nur durch eine Betrachtung des Männlichen insgesamt können wir den Gehalt dieser Aussage überprüfen. Da der Mann spätestens seit dem Neolithikum nicht mehr in einer friedlichen, freiheitlichen oder liebenden *Grundhaltung* lebt und erst einige durch die Frauenbewegung wachgerüttelte Männer sich dieser Werte wieder besinnen, liegt der Schluß nahe, daß Liebe, Freiheit und Frieden urmenschliche Eigenschaften sind, die dem Mann im Verlauf seiner Entwicklung abhanden gekommen sind. Da nun ein Geschlecht am anderen leidet und dieses Leid jeden Bereich des Lebens mitbestimmt, scheint es – vor allem für den Mann – nötig, zu einem Umdenken zu gelangen, das dem Mann *und* der Frau einen Weg ebnet, der bisher verbaut zu sein schien. Wenn aber jetzt vom »Neuen Mann« die Rede sein wird, so sei klargestellt, daß die Autoren weder »Sanftauge« noch »Eisenhans« propagieren wollen. Vielmehr geht es ihnen um einen Typus, der zwar gänzlich neu erscheint, der aber vermutlich immer schon vorhanden war, dem es jedoch versagt war, voll zur Geltung zu kommen. Selbstbewußtsein und Eigenständigkeit zeichnen diesen »Neuen Mann« aus.
Als erstes wird er sich über seine Identität hinsichtlich Inhalt und Form bewußt werden müssen. Das bedeutet konkret, er wird seine Persönlichkeit (Inhalt) und sein Kommunikationsverhalten (Form) gezielt entwickeln, um ein Mensch zu werden, der selbstbestimmt fordert oder ablehnt, der also frei entscheidet und damit ein verläßlicher Partner wird. Diese Kommunikation – mit

der Partnerin, der Gesellschaft und der Natur – prägt wiederum den Inhalt, die Persönlichkeit.

Der »Neue Mann« beantwortet sich, *bevor* er eine Bindung eingeht, die beiden wichtigsten Fragen:

Was will ich? und

Mit wem?

(In dieser Reihenfolge!)

Er weiß um die Notwendigkeit seiner **VW**-Verantwortung: Er verantwortet seine **V**isionen und **W**erte sowie deren Konsequenzen selbst.

Wenn er heute enttäuscht ist, dann deshalb, weil
er früher unrealistische Erwartungen hatte.

Wenn er heute Probleme hat, dann deshalb, weil
er früher falsch entschieden hat.

Wenn er heute verlassen wird, dann deshalb, weil
er früher falsch gehandelt hat.

Wenn ein Mann also zum »Neuen Mann« werden will, muß er

a. heute seine neuen Visionen und Werte festlegen
b. sich mit Disziplin um deren Verwirklichung kümmern
c. umgehend den ersten Schritt in eine bewußtere Zukunft tun.

Eine gute Fee würde dem verlassenen Mann an dieser Stelle zurufen: »Nutze deine Krise als Chance! Erinnere dich, daß Menschen immer Angst vor Veränderungen haben. Diese Angst aber kannst du verlieren, wenn du dich traust, sie genau anzusehen. Also vergiß deine Angst vor der Angst. Dein Leidensdruck hilft dir, mutig zu werden. Denk daran, wohin du willst, wie du gern sein möchtest. Jetzt hast du die besten Chancen zu den

Veränderungen, die für dein zukünftiges Leben entscheidend sein werden!«

Orientierungshilfe Frau

Eine Frau, die ihrem Mann/Freund vorwirft, sein Denken und Handeln würden wie eine geöffnete Schere auseinanderklaffen, mag zwar in ihrer Äußerung richtig liegen, doch ihr Ziel, den Mann auf ihren Weg zu bringen, wird sie nicht erreichen. Denn genau hier liegt der Punkt, an dem jeder Mann – vom vollkommenen »Softie« einmal abgesehen – »rot sieht«: Der Mann von heute wird diesen – möglicherweise gerechten – Vorwurf zwar eher dulden als der Mann vergangener Jahrhunderte, dennoch kann er der Aufforderung, Denken und Handeln zu vereinen, weder folgen noch sie verstehen. Schließlich wuchs er in dem Bewußtsein auf, sich richtig zu verhalten, sobald er die Geschicke der Welt – und somit die der Frau – bestimmt.
Dem Mann bleiben zwei Möglichkeiten: Entweder er stimmt der Frau formal zu und versucht, sein Verhalten zu verändern, oder er zieht es vor, seinen alten Weg weiterzuverfolgen. Doch in beiden Fällen bleiben sowohl er als auch die Frau hinter ihren tatsächlichen Möglichkeiten zurück.
In seinem Buch »Eisenhans« entwirft *Robert Bly* einen dritten Weg, der darauf hinausläuft, daß junge Männer den »wilden Mann« in sich akzeptieren lernen und zugleich die »Initiation« durch andere, ältere Männer und

nicht durch Frauen und Mütter suchen. Bly fordert eine »zweite Geburt« des Jungen durch Männer, die ihn zu wahrer Männlichkeit führen sollen. Die Psychotherapeutin *Roswitha Burgard* merkt dazu an: »Obwohl Bly sich auf den Spuren edler Männlichkeit bewegt, spricht er sehr deutlich davon, was er unter Weiblichkeit versteht: Frauen können ›von Natur aus‹ nicht so viel Härte geben, wie sie ein Sohn braucht, deshalb sollen Jungen ab 12 vom Vater erzogen werden. Falls Frauen es dennoch wagen sollten, einen Jungen zum Mann zu erziehen, könnten sie ›den Kontakt zu ihrer eigenen Weiblichkeit verlieren‹. Hier schließt sich der Kreis und hat perfekt das alte Schema von Männlichkeit (großzügige Führung und Autorität um der Gemeinschaft willen) und Weiblichkeit (rezeptiv, unterlegen, mütterlich) auferstehen lassen. Die Biologie und die Welt der patriarchalisch interpretierten Mythen dienen als Beweisführung für eine Hommage an tapfere, starke, gerechte und führungswillige Männer. Denen stehen unausgesprochen angepaßte, weiche, mütterliche, rezeptive Frauen gegenüber. Die Gefahr dieses Ansatzes liegt unter anderem darin, daß er von Männern, die ihre Männlichkeit viel zuwenig gewürdigt sehen, begierig aufgenommen wird.«[14]

Und genau hierin, so könnte man ergänzen, offenbart sich erneut die alte Kluft zwischen den Geschlechtern, die auch ein »Eisenhans« nicht überwinden hilft – im Gegenteil: er weitet den Graben zwischen Mann und Frau noch aus. Der Blysche Ansatz ist in der Tat einem gleichwertigen Geschlechterverständnis nicht dienlich. Die Grenzen zwischen Mann und Frau werden nicht aufgehoben, sondern verstärkt – ein Vorgang, der bei vielen männlichen, aber auch weiblichen Autoren, die sich mit dem Thema des Geschlechterverhältnisses beschäftigen, zu beobachten ist. Sicherlich sollte der Mann nicht die Frau kopieren, ebensowenig wie diese es nötig hat, den Mann zu imitieren. Dennoch bietet die Frau bzw. das Weibliche eine Orientierung, die der Mann für sich nützen könnte, um die Sprachlosigkeit zwischen den gegengeschlechtlichen Polen zu überwinden. Damit ist nicht gemeint, daß der Mann irgendeine übertriebene Anstrengung unternehmen sollte, um sich möglichst rasch zu ändern. Dieser Vorschlag wäre vermessen und würde zu nichts führen, da der Mann sich dann höchstens verstellen, nicht aber zu einer tiefergehenden Wandlung durchdringen würde.

»Orientierungshilfe Frau« meint deshalb nichts anderes, als daß der Mann sehen lernen sollte, *was* die Frau in der Welt ist und *wie* sie ist, anstatt sich a priori gegen sie zu stellen. Würde der Mann die Identität der Frau mit der Welt, ihre lebensbejahende Haltung sowie ihre Gabe der grundsätzlichen, aber niemals furchteinflößenden Entschlossenheit erkennen, würde diese Orientierung ihn befähigen, nicht nur die »Frau in ihm« mehr zur Entfaltung kommen zu lassen, sondern auch den »Mann in ihm«. Jahrtausendelang wurde »männlich« stets mit Aggression, Kampf, Stärke, Ungerechtigkeit, Barbarentum identifiziert. Das mag seine Richtigkeit haben, sobald wir von der postanimistischen Zeit sprechen. Erst als er begann, sich die genannten Attribute zuzuschreiben oder zuschreiben zu lassen, verwandelte er sich in das, was den »Alten« Mann ausmacht.

Die Orientierungshilfe, die die Frau dem Mann zu bieten hat, besteht im Grunde genommen nur darin, ihm zwei Spiegel vorzuhalten: In dem einen sieht der Mann sich selbst, auf dem anderen steht mit dicker Farbe das Wort »Mensch« geschrieben. »Mensch, werde wesentlich!« verlangte *Angelus Silesius.* Er hätte auch »Mann, werde Mensch!« sagen können. Um das zu erreichen, muß sich der Mann am Weiblichen orientieren. Doch das ist in vielerlei Hinsicht angstbesetzt. Außerdem müßte er beginnen, sich selbst in Frage zu stellen, und schließlich wäre eine Folge seiner Veränderung, daß er auf einen Großteil seines Machtanspruches verzichten würde. *Der »Alte Mann« genießt das Gefühl der Macht – der »Neue Mann« hingegen liebt die Macht des Gefühls.*

Die androgyne Verschwörung

Der Begriff »androgyn« setzt sich aus den griechischen Worten »anaér« (Genitiv: andrós) = Mann und »gynaé« = Frau zusammen. Es bedeutet also *mehr* als zweigeschlechtlich, nämlich Mann und Frau in einer einzigen Person vereint. Im Laufe der achtziger Jahre trat das Androgyne als Schlagwort plötzlich in das Bewußtsein der Intellektuellen, und mit einem Mal hatte man ein Heilmittel gegen den Geschlechterkampf gefunden. Selbst die Mode nannte sich fortan nicht mehr »unisex«, sondern eben »androgyn«. Die androgyne Vorstellung, daß sich Mann und Frau als Einheit sehen sollten, verdeckte indes nur den tiefen Graben zwischen ihnen und täuschte die mögliche Beseitigung der geschlechtsspezifischen Problematik vor. Androgynität war eine Zeiterscheinung, die ebenso schnell wieder verschwand, wie sie aufgetaucht war. *Richtig* verstandene Androgynität könnte allerdings mit dazu beitragen, Mann und Frau einander näherzubringen: dann nämlich, wenn beide Seiten ihre starre Egozentrik aufgeben und in der Liebe zu ihrem Ursprung durchbrechen, an jenen Ort, an dem es Wir heißt. Das Ich behält dort zwar sein authentisches Sein, wird aber durch die Liebe seinem Wesen nach zum Du. Der Unterschied, der zwischen Ich und Du besteht, wird aufgehoben: Ich und Du verschmelzen in Sein und Wesen durch die Liebe. Beide haben den Mut, in ihrer Selbstentäußerung (in der sie das eigene Ich überschreiten, ohne es ganz zu verlassen) »zu Grunde« zu gehen.

»Ich wäre zugrunde gegangen, wäre ich nicht zum Grunde gegangen«, sagt *Kierkegaard.* Der Mann soll nicht zur Frau werden und die Frau nicht zum Mann, sondern beide entwickeln sich ihrem Selbst gemäß. In der polaren Ergänzung liegt die ersehnte Geborgenheit.

Die Heimkehr des Verlorenen Sohnes

Der Mythos vom Verlorenen Sohn ist die Legende einer Suche nach Liebe und somit die Geschichte des historischen Mannes. Einerseits liebt er das Endliche, also

Vaterhaus, Eltern, Umgebung und Besitz, unbewußt aber weiß er, daß diese Liebe gerade durch die Tatsache, daß sie eine besitzende, habenwollende ist, ihn nicht zum Ziel führen wird. Sie ist für den Augenblick gemacht und entbehrt der tieferen eigenen Verankerung. Andererseits hungert der Mann nach Unendlichkeit in der Liebe, die er sich auch von Gott bzw. den Religionen erhofft.

Auf der einen Seite ist er also von Ich-Sucht geprägt, auf der anderen von Gottes-Sucht. Gelegentlich – bei einer besonders tief empfundenen Liebe z. B. – vermengt er beide Ebenen. Um seine Verwirrung zu lösen, muß der Sohn fortgehen und der Mann seine starren Vorstellungen loslassen. Während seines Weges, der Sinnbild für die Suche nach einem neuen Selbstbild ist, gelingt es ihm, ein wirklich Liebender zu werden. Der moderne Mann ist offenbar zu diesem Ziel hin unterwegs.

Der Verlorene Sohn befindet sich in einer paradoxen Situation: Er will aus Furcht selbst zu lieben nicht geliebt werden und aus Angst vor Verantwortung nicht lieben. Er hat sowohl Angst vor dem Verwundetwerden wie vor der Selbstüberwindung. Die Vergangenheit (Kindheit) ist nicht bewältigt, die Gegenwart (Erwachsensein) nicht begriffen, und die Zukunft (Alter) droht wie ein Damokles-Schwert. Er handelt deshalb nicht, auch wenn er vieles begreift. Er ist zwar in sich, aber nicht tätig aus sich heraus. Er sieht seinen Ursprung, er glaubt sich selbst zu finden, indem er sich scheinbar selbst verwirklicht, doch es gelingt ihm nicht, weil er in der Situation gefangen ist. Er erkennt die Urdistanz als

schöpferischen Abstand an, läßt sich aber letztendlich nicht auf die Quelle neuen Sehens als Ausgangspunkt für eine neue Zukunft ein.
Der Verlorene Sohn bzw. der Mann sucht Freiheit. Er sehnt sich nach dem grenzenlosen Sein, schätzt aber gleichzeitig das Bestehende und hat Angst vor Veränderung – besonders in seinem Verhältnis zur Frau. Er sieht nur die Chance, nicht aber seine Aufgabe, dadurch ist sein Blick auf die Chance schon verstellt. Aus Angst vor dem Unbekannten, der Veränderung, läßt er Wandlung nicht wirklich zu, denn er will das Leben (und die Liebe) als etwas Unveränderliches betrachten, ohne zu begreifen, daß es etwas Starres, Festgefügtes, Unabänderliches, etwas Totes ist: Der Verlorene Sohn will nicht *leben*.
Der Mann sehnt sich nach dem vollkommenen, endlosen und unbegrenzten Ja, das er sich von der Frau erhofft. Er entzieht sich aber diesem Ja gleichzeitig aus Angst vor dem Leben und seinen ewigen Rhythmen. Er läßt den Sinn, den er in der Liebe erfährt, nicht wirksam werden, d.h. er bietet der Lebendigkeit keinen Platz.
Der Mann bleibt, wer er ist. Er ist nur für sich da, nicht für den anderen. Er hat keine Erdung, keine Mitte und verliert seine Lebendigkeit. Die Mitte aber heißt Ursprung, und der Verlorene Sohn wandelt am Rande des Ursprungs, an dessen Abgrund. So betrachtet ist der Verlorene Sohn ein typisches Bild des Mannes.
In ihm klingt die Urproblematik an: die der Entscheidungsfreiheit. Der Mann hat die Freiheit, mit sich und der Welt zu machen, was *er* will. Die Frau dagegen be-

darf dieser Freiheit nicht, da sie wegen ihres größeren Eingebundenseins in die natürlichen Abläufe des Lebens weiß, was sie – archetypisch gesehen – will (was nicht identisch ist mit der Frage, was sie individuell tun *soll*).

Der Mann hat die Möglichkeit, die Welt zu vernichten, er kann sie bestehen lassen, wie sie ist, oder er kann sie verbessern. Wofür soll er, der diese Macht hat (und gerade in der Tatsache, daß er sie hat, gefangen ist), sich entscheiden? Seine blinde Zerstörungswut sagt ihm »vernichten«, sein Überlebenstrieb »bestehen lassen«, und seine Moral »verbessern«. Doch für wen soll er sich anstrengen? Für sich selbst, für die Frau oder die Kinder, für alle zusammen vielleicht? Der Mann fühlt sich überfordert, und in ihm entsteht das Bedürfnis, aus seiner Starre, seiner einengenden Rollenfixierung auszubrechen und einen Weg zu suchen, der *ihm* gerecht wird.

Vielleicht ist er auf »dem Weg«. Vielleicht braucht er nur etwas mehr Zeit. Es sollte ihm, dem Entfremdeten, die Chance geboten werden, heimkehren zu können.

Mann wird Mensch

Wenn der Mann zu sich selbst kommt, d. h. zu seinem Ursprung, dann kann es ihm gelingen, sich vom Gefühls-Chaoten zum Seelen-Freund zu wandeln. Er wird der Frau keine Falle mehr stellen, und die Frau wird ihrerseits nicht mehr mit einer Falle antworten. Der

Mensch-Mann oder der menschlichere Mann muß nicht lügen, um seine Ziele zu erreichen. Denn er wird sich mit der Frau be- und absprechen. *Folglich wird sich die Frau generell nicht mehr vom Mann entfernen,* da sie seine tatsächliche Wandlung anerkennt und sich dadurch selbst – zum Mann hin – gewandelt hat, *der sich nicht mehr als Verlorener fühlt. Die Frau liebt den Mann, und der Mann liebt die Frau. Beide wollen sich nahe sein und sich miteinander weiterentwikkeln.* Sie wollen zusammen wachsen und zusammenwachsen. *Der Mann bekommt seine Chance, da die Frau seine Ich-Grenzen respektiert* und darauf achtet, daß er nicht in längst schon überwunden geglaubte Zustände zurückfällt. *Der Mann ist Mensch geworden. Die Frau verläßt ihn nicht mehr.*

Diese Vorstellung muß keine Utopie bleiben, auch wenn man weiß, daß allein in Deutschland über zehn Millionen Frauen alleinstehend sind, von denen 1,8 Millionen Kinder haben, die ohne Vater aufwachsen (ein Anteil von 17% aller Familien; 1976 waren es noch 9%). Bis jetzt tritt die Realität das Ideal mit Füßen, und das romantische Bild vom »Neuen Mann« oder dem Ende der Kämpfe der Geschlechter rückt in weite Ferne. Die Tatsache aber, daß die Frauen sich der Abhängigkeit vom Mann zu entledigen begonnen haben und gehen, wenn es *ihnen* paßt, daß sie entscheiden, wann *sie* seine Annäherungen zulassen, wann *sie* schwanger werden wollen etc., wird dazu führen, daß die Männer reifen *müssen,* sollten sie weiterhin auf die Gesellschaft der Frau Wert legen.

Im Althebräischen übrigens heißt »Adam« nicht nur

»Mann«, sondern auch »Mensch«, im Altgriechischen dagegen bedeutet »adámastos«: »ungebändigt, unerbittlich, unvermählt«. Es scheint, daß Adams Rückweg ins Paradies länger dauert, als Adam und Eva angenommen hatten.

Der Weg zur Reife

Die Abkehr vom workaholic

Jeder Mann ist im Grunde ein workaholic. Er muß – aus schon erläuterten Gründen – arbeiten, tun, schöpfen, betriebsam sein. Seine Arbeitswut, die einer Zwangsneurose gleicht, hat ihn zum einsamen Egoisten werden lassen, zu einem, der sich nur noch als Solipsist (lat.: solus ipse = allein selbst) bewähren kann. Mit seinem Arbeitsrausch mußte der Mann sich selbst und der Frau beweisen, wozu *er* fähig ist. Er schuf das Weltvernichtungspotential, Börsenkurse, Fortbewegungsmittel, die Unterhaltungsindustrie, Ideologien, sportliche Wettkämpfe, wissenschaftliche Laboratorien und Kunstgalerien. Wie ein Kind, das von seinen Eltern Lob erwartet, sobald es aus einzelnen Bausteinen eine Burg zusammengesetzt hat, erwartet der Mann von der Frau Lob für seine Tätigkeit. Daß sie ihm mittlerweile die Anerkennung verweigert, wundert ihn, und er beginnt noch gigantischere Burgen zu konstruieren. Seine Triebfeder ist die Sehnsucht nach Bewunderung, Wertschätzung und weiblicher Gunst. Schließlich hat er gelernt, daß die Frau ihn nur dann »einläßt«, wenn er sich im Leben bewährt hat, daß sie ihm nur dann »zu Willen« ist, wenn er eine besondere Leistung vollbracht hat. Geld und Macht haben deshalb eine erotische Wirkung. Dieser Aspekt des Fallenstellens hat eine lange Tradition, und der Mann konnte sich seiner Wirkung früher ziemlich sicher sein, wenn er materiellen Erfolg vorweisen konnte. So forderten z. B. die sich auf christliche (und somit männliche) Überlieferung berufenden Ursulinerinnen von ihren 12- bis 14jährigen Schutzbefohlenen: »Mädchen merke: Es will vieles in dich hinein. Reines, Gemeines. Kannst nur eines Wohnung sein. Wen läßt du ein?«

Ja, wen soll die Frau »einlassen«? Den himmlischen Bräutigam? Den skrupellosen Politiker? Den Versager? Oder den, der ihr am meisten zu bieten hat?

»Sie will, daß ich ihr wende den Rhein,
Dann will sie tun den Willen mein«,

dichtete *»Der Tannhäuser«*, ein Minnesänger des 13. Jahrhunderts. Sexuelle Zwangswirtschaft in höchster Form, die oft noch heute Bestand hat. Erst wenn der Mann das schier Unmögliche vollbringt, »darf« er.

Dieses Fallenstellen ist keine ursprüngliche Eigenart der Frau, sondern sie übernahm unbewußt vom Mann, der ihr hier als Vorbild diente, seine materialistische Sichtweise.

Zwei Wege sind möglich, um die Abkehr vom workaholic herauszufordern: Zum einen muß der Mann begreifen, daß er selbst – auch ohne besondere Taten – ein liebenswerter Mensch ist. Er braucht sich nicht länger zu produzieren und seinen gesamten Energiehaushalt in irgendwelche beliebig austauschbaren Leistungen zu stecken, nur um sich bewundert und geliebt zu wähnen. Er muß lernen, neben der Anerkennung durch Leistung die zweite große Energiequelle zu erschließen: das leistungsfreie Geliebtwerden – weil *er* ist, wie er *ist*. Zum anderen muß die Frau darauf verzichten, den Mann zu einseitigem Leistungsverhalten anzuspornen, und ihm das Gefühl geben, daß er auch ohne finanzielle oder gesellschaftlich herausragende Stellung bei ihr »ankommt«. Mit dem verstärkten Eintreten des Weiblichen in das Bewußtsein des Mannes vollzieht sich dieser Schritt bereits, doch nur zu oft tritt der Umkehrschluß ein, daß jetzt die Männer die Frauen wegen ihrer in der Arbeitswelt vollbrachten Leistung anbeten.

»Frauen sind die tüchtigeren Männer«, heißt es dann. Eine Sentenz, die zwar ihre Richtigkeit haben mag, aber die Männerwelt nur mit anderen Vorzeichen versieht, so daß eigentlich alles beim alten bleibt und keine wirkliche Veränderung eintritt. Diese kann sich nur dann vollziehen, wenn sich beide Geschlechter ihres Ursprungs erinnern und zunächst alles Gehabe um Vor- und Nachteile in der Berufswelt vergessen, um sich erst einmal in ihrer erotischen Welt zurechtzufinden, die sicher nicht durch Ansehen und Macht und Erfolg bestimmt ist. Der Mann sucht in der Frau nicht den Erfolg, die Frau verhält sich ebenso, Macht und Eros werden nicht mehr miteinander verquickt. Beide Geschlechter müssen ihre Energie nicht länger in die Arbeit stecken, sie brauchen die Leistung als Sucht nicht mehr, die Sublimation, die Verschiebung des Triebzieles auf kulturelle Werte, wird durch die erotische Begegnung ersetzt.

Mit diesen Überlegungen soll kein erotisches Elysium verheißen werden, es soll lediglich das »Vergebliche«

(lat.: frustra = vergebens, daher der Ausdruck »frustriert«) allen männlichen Bemühens aufgezeigt werden, die Frau durch übertriebenes »Machen« zu halten. Der Mann muß das taoistische Prinzip des wu-wei, des Handelns im Nicht-Handeln, des Handelns aus der Ruhe heraus, begreifen. »Majestät *geruhten* zu tun«, hieß es früher, und es ist an der Zeit, diese Ruhe wieder in das Handeln zu integrieren. Denn – wie man im Spanischen sagt: »Nicht durch vieles Frühaufstehen wird es eher Tag.« Auf unser Thema übertragen bedeutet dies: Nicht durch vieles Arbeiten wird die Arbeit getan, sondern durch Ruhe, Überlegtheit, Ausgeglichensein und das verständnisvolle Miteinander der Geschlechter.

Die Überwindung der Ego-Fixierung

Solange Frauen es als selbstverständlich ansehen, daß bei einem gemeinsamen Essen im Restaurant die Rechnung von Männern beglichen wird, gibt es keine wirkliche Emanzipation. Und solange der Mann die Emanzipation der Frau durch solche wohlüberlegten Handlungen weiterhin blockiert, können die Geschlechter nicht zusammenwachsen. Das Restaurant-Beispiel dient lediglich zur Illustration der Tatsache, daß für die Frau eine *echte* Unabhängigkeit vom Mann selten ist. Frauen haben sich zwar mittlerweile bessere Chancen erkämpft, doch viel zu oft bleibt es eben nur bei Chancen, werden Möglichkeiten nicht in die Wirklichkeit umgesetzt. Jede Pseudo-Emanzipation steht der konkreten Emanzipation im Wege. Schuld an diesem Umstand ist nicht allein die noch nicht vollständig emanzipierte Frau, sondern in erster Linie der ego-fixierte Mann, der sich durch seine Spendergeste nach wie vor als Herrscher begreift. *Er* versorgt, *er* leitet, *er* lenkt, *er* zahlt. Da in seinen Augen Frauen und Kinder keine ernstzunehmenden Wesen sind, werden sie dementsprechend behandelt, und es ist eher Faulheit als Einsicht, wenn ein Mann, dem Wunsch einer Frau, seine Herrschaft zu beenden, nachkommt.

Solange der Mann also sein Ego als dominierende Zentralgewalt auffaßt, solange er die Macht über die von ihm errichtete und kontrollierte Welt besitzt, solange wird es kein echtes Miteinander der Geschlechter geben. Wie kann er die Fixierung auf sein Ich, auf den »falschen König« in ihm überwinden? Wie kann er von seiner Gefühlsarmut genesen? Soll man von ihm tatsächliches Verstehen erwarten? Nützt es, darauf zu hoffen, daß er sich irgendwann einmal einsichtig zeigt? Wohl kaum, denn dieses »irgendwann« mag in weiter Ferne liegen. Deshalb müssen Frauen Männer weiterhin provozieren. Eine Herausforderung kann nur heilsam sein. Wenn niemand dem männlichen Geschlecht seine Grenzen weist, kann keine wirkliche Wandlung eintreten, bleibt die Ego-Fixierung des Mannes weiterhin bestimmend. Sie zu überwinden verlangt einen Prozeß, der Reife voraussetzt und gleichzeitig zu mehr Reife führt. Dies allerdings fordert vom Mann Verantwortungsbewußtsein. Paradoxerweise ist dies mit der Problematik versehen, daß Verantwortung ihn wiederum nur in seiner Ego-Fixierung bestärken würde.

Eine Teilung der Verantwortung wäre auf der anderen Seite jedoch eine für die Frau höchst gefährliche Angelegenheit, da sich der Mann auch einer Teilverantwortung geschickt entziehen könnte. Am sinnvollsten, aber auch am schwierigsten umzusetzen, wäre demnach eine Gesamtverantwortung für Mann *und* Frau, gewissermaßen ein »Rat der Geschlechter«, in dem die Schwächen des einen von den Stärken des anderen ausgeglichen werden könnten. Solange sich aber Mann und Frau nicht »an einen Tisch setzen«, um die Probleme gemeinsam zu bewältigen, solange sie noch von gegenseitigen Vor-Urteilen belastet sind, bleibt dieser Rat eine Illusion, und der Mann stärkt sein Ego eher, als daß er es allmählich mit dem der Frau vereint.

Der Mut zur Individuation

Damit er sein eigenes Leben sinnvoller ausfüllen und die Frau nicht als zu Leitende, sondern als Begleitende annehmen kann, muß der Mann lernen, sich selbst zu verstehen. Er sollte sich über seine Ängste, seine Nöte, seine Neigungen und Abneigungen, seine Vorgehens- und Verhinderungsstrategien bewußt werden – jedoch nicht nur individuell, sondern gleichzeitig kollektiv-historisch.

Um sich zu individuieren (lat.: individuus = unteilbar), also um er selbst zu werden, braucht der Mann eine, der Psychoanalyse ähnelnde, Aufarbeitung seiner eigenen Geschichte. Nicht nur, weil ihm dieser Weg Klarheit über ihn selbst schenken würde, nicht nur, weil er bestehende Formen besser begreifen könnte: Vor allem würde er neue Formen des Zusammenlebens mit der Frau gemeinsam herausarbeiten können. Dazu sind jedoch eine mutige Haltung, ein Über-sich-hinauswachsen-Können und eine Rückstellung rein egoistischer Interessen notwendig. Der Mann wäre überrascht, wie ideenreich er mit einem Mal wäre, welche Kreativität er entwickeln würde und mit welch spielerischer Freude er sich der Lösung seiner Probleme plötzlich widmen könnte. Angenommen, der Mann brächte diesen Mut auf, was wäre damit erreicht? Sicherlich eine Bewußtwerdung des eigenen Seins. Hinzu käme das Bedürfnis, die neu gewonnenen Erkenntnisse auch umzusetzen. Ob es sich um neue Familienstrukturen oder Paarmuster, um vergessene Weltauffassungen oder Strategien zur Vermeidung von Rückfällen handelt, spielt letztlich keine Rolle. Wichtig ist allein, daß der Mann offen dafür wird, seinen alten, überkommenen Weg zu verlassen und zu einem menschlicheren Wesen, als er es bisher war, zu werden. Sein Ziel ist es, sein »wahres Selbst« zu entdecken, zu entwickeln und zu entfalten.

Die Lust am ernsten Gefühl

Wenn wir von ernsten Gefühlen sprechen, so meinen wir jene Empfindungen, die den Mann veranlassen, über sein Leben nachzudenken. Daß dieser Vorgang nicht unbedingt schmerzlich verlaufen muß, sondern auch Freude bereiten kann, wird jedoch immer erst dann einsichtig, wenn der Prozeß des Nachdenkens, der die Veränderung beinhaltet, abgeschlossen ist. Die Angst vor dem Beginn der Selbstanalyse ist groß. Doch je weiter man in der unbequemen Ehrlichkeit mit sich selbst voranschreitet, um so deutlicher wird das Bedürfnis, den eingeschlagenen Pfad auch zu Ende zu gehen. Wen trifft man nicht alles auf dem Weg zu sich: den Vater, die Mutter, die Großeltern, die Geschwister, die Lehrer, die Pfarrer, die ersten Freunde, die »verflossenen« Geliebten. Jede dieser Gestalten wird unbewußt mit einem speziellen Gefühl, das sie auslöst, in Verbindung gebracht: Haß, Liebe, Trauer, Freude in ihrem jeweiligen Facettenreichtum. Die Gelassenheit, mit der man früheren Ereignissen wie Gefühlszuständen gegenübersteht, ist verblüffend, und man fragt sich unwillkürlich, weshalb man sich z. B. über eine schlechte Note in der Schule »damals« so aufgeregt hat oder warum die Trennung von der Freundin/dem Freund so dramatisch verlaufen mußte. Die heutige Gelassenheit gegenüber früherer Gefühlsaufwallung zeigt die Relativität aller Erlebnisse, die allerdings nicht auf eine Verharmlosung hinauslaufen darf.

Wenn der »Neue Mann« plötzlich Lust am ernsten Gefühl bekommt und sich als Feminist wähnt, der sich auf die Seite der Frau schlägt, um nicht mehr von ihr verlassen zu werden, so muß man sein Vorgehen zwar nicht radikal anzweifeln, doch eine gewisse Skepsis ist sicher angebracht. Denn es stimmt nachdenklich, daß der Mann seinen in Millionen Jahren geprägten Weg von heute auf morgen verlassen kann – ohne dabei auch nur den geringsten Schaden zu nehmen. Han es sich also bei seinem neu erwachten Bewußtsein bereitwillig einen Machtbereich nach dem anderen Frau überläßt, nur um einen Trick? Will der Mann mit diesem Vorgehen die Frau noch stärker, aber mit anderen Mitteln unterdrücken? Man sollte ihm das – bei aller Relativität – nicht unterstellen. Sicher hat er die besten Absichten. Es mangelt ihm jedoch an Erfahrung, wie er mit einer derart neuen Situation, die er gleichzeitig selbst heraufbeschwört, umgehen soll. Daß er sich überhaupt zu einer Änderung seines Seins – wenn auch unter gewissem Zwang – durchgerungen hat, ist schon ein Erfolg, selbst wenn der Weg zu dem Mann, der sich selbst und der Frau nicht mehr schadet, noch weit ist. Deshalb darf allen Männern, die die Lust am ernsten Gefühl, an der spielerisch vollzogenen Wandlung zur ernst gemeinten Liebe, schon entwickelt haben, gratuliert werden. Doch wir wollen noch weiter gehen und dem neuen Mann ein erlernbares Lebensmuster zur Orientierung vorgeben:

Männer-Knigge

Der »Design-Mann« des 21. Jahrhunderts

Wie also könnte – nach allem, was bisher gesagt worden ist – der »Neue Mann« aussehen? Gibt es ein Modell der Männlichkeit für das 21. Jahrhundert, mit dem Männer *und* Frauen gleichermaßen zurechtkommen? Wird es je einen Weg geben, auf dem sich Frau und Mann in Freundschaft und Liebe begegnen und den sie vereint gehen können? Eines ist sicher: Der Mann muß *mehr* dafür tun, dieses Ziel zu erreichen. Da er hinter der weiblichen Entwicklung zurückgeblieben ist und das Weibliche in sich bislang geschickt verdrängen konnte, ist *er* nun gefordert, seine weiblichen Anteile wiederzufinden, ohne allerdings dabei zum sich anbiedernden »Softie« zu werden.

Die Frau kann dem Mann auf seinem Weg bis zu einem bestimmten Punkt helfen, dann aber braucht sie Geduld und muß die Entwicklung des Mannes beobachten, während er die Arbeit leisten muß, sich gemeinsam mit anderen Männern neu zu definieren. Dieser Mann wird sich nicht mehr einseitig in der Arbeit auffressen. Er wird auch – anstatt große weltpolitische Fragen zu stellen – den Mut aufbringen, über sich selbst nachzudenken, um im Laufe der Reflexion sein Handeln zu ändern. So erreicht er, daß sein Denken, Fühlen, Wollen und Handeln eins werden. Er wird seine Angst vor dem Verlassenwerden Schritt für Schritt abbauen und mit der Frau gemeinsam eine Form entwickeln, in der es keine ego-fixierten Sieger und aufgeblähten »Ichs« mehr gibt, sondern autonome, vernunftorientierte Persönlichkeiten, die gelernt haben, sich und den Partner zu lieben, damit sich *beiden* das »volle Leben« erschließt. Die Voraussetzung dafür ist, daß der Mann sein verinnerlichtes »Fallenstellen« aufgibt, also jene Handlungsweise, mit der er sich die Liebe und Freundschaft der Frau bislang ergaunerte. Sobald er weiß, was er *wirklich* will, sobald er also zum Wunsch hinter dem Wunsch durchgedrungen ist, wird er die Frau nicht mehr belügen und sie über seine jetzt als »Ziele« formulierbaren Absichten im unklaren lassen müssen: Der Mann ist zum *ehrlichen* Menschen gereift. Er braucht sich nicht länger vor sich selbst zu verstellen.

Durch den Mut, sich selbst gegenüber ehrlich zu sein, hat er genügend Selbstvertrauen und Selbstbewußtsein entwickelt, um seine Gefühle angemessen auszudrükken und sie nicht mehr hinter einem Berg von Scheinbehauptungen zu verstecken. Er hat sich individuiert. In ihm sind seine männlichen und weiblichen Anteile lebendig, so daß die Anforderungen, die die männliche und weibliche Außenwelt an ihn stellen, von *beiden* Seiten, also ausgewogen, angegangen werden können und nicht länger der eine über den anderen dominiert.

Führt dies zu einer Welt der Harmonie, zu einer Ordnung im Chaos? Auch hier gibt es keinen Stillstand. Denn ganz offensichtlich besteht ein Sinn des Lebens

gerade darin, sich immer wieder erneut der Mühe zu unterwerfen, sich selbst und damit die Welt, in der es kein wirkliches »Ende«, sondern nur einen stetigen Fluß gibt, neu zu erschaffen.
So vollzieht sich auch die Entwicklung des Mannes: Kaum hat er gelernt, sich als Kind zu verstehen, beginnt die Pubertät, und er muß sich damit auseinandersetzen, wie das Leben als Jugendlicher zu meistern ist. Kaum richtig Jugendlicher geworden, ist er schon junger Erwachsener, zu dem »unreifes Gehabe« oder »pubertäres Benehmen« nicht mehr paßt: und so geht es weiter, ein Leben lang. Die Konstanz liegt lediglich im Wandel. Der neue Mann genießt dies. Denn dieses Bewußtsein ermöglicht ihm Entscheidungen, die nicht für immer gültig sein müssen. Der neue Mann, der sich selbst und den Rhythmen des Lebens vertraut, befreit sich als ein Teil der Natur, deren hauptsächliches Kennzeichen die evolutionäre Entfaltung ist.

Das innere Band

Meist besteht das Band zwischen Mann und Frau mehr aus Äußerlichkeiten als aus einer tatsächlichen inneren Zusammengehörigkeit. Darum können viele Trennungen auch rasch und undramatisch (auch wenn sie an der Oberfläche dramatisch erscheinen) vollzogen werden. Zu diesen Äußerlichkeiten gehören Familie, Hausstand, kirchliche und standesamtliche Trauung, gemeinsamer Geschmack, gemeinsame Interessen etc.

Was ein »inneres Band« ist, beschreibt *Mira Richard*, jene berühmte unter dem Namen »Die Mutter« bekannte Leiterin des Ashrams von *Sri Aurobindo*, in einem Brief:
»Euer körperliches Leben und Eure materiellen Interessen zu vereinen, Euch zu verbinden, um gemeinsam den Schwierigkeiten und Erfolgen, den Niederlagen und Siegen des Daseins gegenüberzutreten: dies ist die eigentliche Grundlage der Heirat – aber Ihr wißt ja bereits, daß dies nicht genügt.
In den Empfindungen vereint zu sein, den gleichen Geschmack und die gleichen ästhetischen Neigungen zu haben, vor den gleichen Dingen zusammen zu schwingen, einer durch den andern und einer für den andern: das ist gut, das ist notwendig – aber es ist nicht genug.
In den tiefen Gefühlen eins zu sein, in der gegenseitigen zärtlichen Zuneigung trotz aller Schläge des Daseins unverändert zu bleiben und Ermüdung, Anspannung und Enttäuschung zu ertragen; immer und in jeder Lage über Eure Gemeinschaft glücklich, am allerglücklichsten zu sein; einer beim andern in allen Umständen Ruhe, Frieden und Freude zu finden: das ist gut, das ist sehr gut, es ist unerläßlich – aber es ist nicht genug.
Eure Geistesarten zu vereinen, Eure Gedanken aufeinander abzustimmen, so daß sie sich ergänzen, die Beschäftigungen und Entdeckungen Eures Verstandes miteinander zu teilen; kurz, die Bereiche Eurer geistigen Tätigkeit zu einem einzigen zu machen durch eine Erweiterung und Bereicherung, die beide gleichzeitig erwerben: das ist gut, das ist ganz und gar notwendig – aber es ist nicht genug.

Jenseits von alledem, auf dem Grunde, im Mittelpunkt, auf dem Gipfel unseres Seins ist eine höchste Wahrheit des Wesens, ein ewiges Licht, unabhängig von den Umständen der Geburt, des Landes, der Umwelt und der Erziehung: *das* ist es – Ursprung, Ursache und Meister unserer spirituellen Entwicklung –, was unserem Dasein die endgültige Richtung gibt; das entscheidet unsere Bestimmung; im Bewußtsein *dessen* muß man sich vereinen; im Aufstreben und im Anstieg eins zu sein, im gleichen Schritt auf dem gleichen spirituellen Pfade vorwärtszugehen – dies ist das Geheimnis dauerhafter Vereinigung.«

Adams-Freundschaft

Unter diesem Stichwort ist sowohl die Freundschaft von Männern untereinander wie auch die zwischen den Geschlechtern gemeint. Was über das neue Verhältnis von Mann und Frau gesagt wurde, gilt in besonderem Maße auch für das zwischen Männern. Wenn Männer lernen, den gegenseitigen Konkurrenzdruck, den sie sich auferlegen, abzubauen, wenn sie sich nicht länger selbst und gegenseitig im Wege stehen, sobald es darum geht, eine Verbesserung des Status quo zu erwirken, wenn sie über sich hinauswachsen und keiner Verhinderungskultur mehr frönen, dann sind sie fähig geworden, auch der Frau *ohne* Besitzanspruch zu begegnen.
Die alte Behauptung, der Mann sei Jäger, deshalb müsse er so viele Frauen wie möglich »zur Strecke bringen«,

ist vermutlich falsch – zumindest trifft sie nicht auf die vorgeschichtliche Zeit des Menschen zu und ist – wie die Moral – ein evolutives Spätprodukt des Geistes, das übernommen wurde, um männliche Verhaltensweisen zu rechtfertigen. Aus der anthropologischen und ethnologischen Forschung wissen wir, daß es vor dem Prozeß der Zivilisation Gesellschaftsformen gab, in denen die heute propagierte Rollen- und Arbeitsaufteilung nicht bekannt war. So lebten die Menschen in frühen Zeiten – im wesentlichen vor der Erfindung des Pfluges, also in der »Hackbaukultur« – in Kleingruppen bis zu 30 Personen (die Hälfte davon Kinder), denen die Vorstellungen von Liebe, wie wir sie in der modernen Zeit kennen mit all ihren Zugehörigkeiten von Eifersucht, Tragödie, karmische Verstrickung, Schmerz und Kummer, sowie individuell anerzogene Mann-Frau-Unterschiede völlig fremd waren. *Ernest Borneman* merkt dazu an: »In manchen Hackbaukulturen sinken die Männer, die das Jagen eher als Spiel und Sport denn als Nahrungserwerb betreiben, zu Drohnen herab – zu Zeugungsgehilfen und Sexualobjekten. Auch herrschen in manchen Hackbaukulturen enge Beziehungen zum sogenannten Mutterrecht. Das heißt: Frauen und Männer leiten ihre Abstammung nicht wie bei uns, von beiden Eltern (bilineares Deszendenzsystem), sondern ausschließlich von ihren Müttern ab (matrilineare Deszendenzordnung). Die Rolle des Vaters bei der Zeugung wird negiert, und das gibt den Frauen eine gewisse Überlegenheit im ganzen Sozialsystem.«[15]

Die Behauptung, männliches oder weibliches Verhalten »sei eben so«, weil es »immer schon so war«, entbehrt somit jeder Grundlage. Die nicht genbedingte Verschiedenheit der Geschlechter entwickelte sich – bedingt durch die jeweils erforderte Umwelteinpassung – über Jahrmillionen hinweg und führte in ihrer heutigen Form zu jenem Ausdruck von Macht, die der Mann gestaltete, um sich der Frau und des Weiblichen bedienen zu können. Es fällt dem Mann schwer, diese Herrschaft aufzugeben, doch es bleiben ihm – wie erneut *Ernest Borneman* erläutert – nur zwei Möglichkeiten: »Eine Kultur wie die unsrige, die im Kriegsspiel ihre Vollendung findet, stellt mit großer Wahrscheinlichkeit das Ende des Patriarchats dar. Denn wenn der innere Widerspruch des Patriarchats solche Dimensionen annimmt, daß der Mann, um seine Männlichkeit zu beweisen (und ohne sich bewußt zu sein, daß er all dies zum inneren Beweis seiner schwindenden Männlichkeit tut), Waffensysteme aufbaut, die mit Leichtigkeit die gesamte Menschheit, also auch das Patriarchat als solches, ausrotten können, dann ist dieser Widerspruch nicht mehr heilbar und kann nur zu einem von zwei Auswegen führen: zu einem mütterlichen System oder zur Ausrottung der Menschheit.«[16]

Indirekt entscheidet also die Frau, was künftig mit dem Mann geschehen wird. Nur diese neue (alte) Form der Gesellschaft kann die Menschen, kann Mann und Frau wieder zur *Gemeinschaft* zurückführen, zur Freundschaft von Frau und Mann sowie von Männern und Frauen untereinander.[17]

Die neue Begegnung von Mann und Frau

In der Einführung und unter der Überschrift »Mann wird Mensch« wurde bereits geschildert, wie eine neue Begegnung von Mann und Frau aussehen könnte, die ein *grundsätzliches* Verlassenwerden des Mannes durch die Frau überflüssig macht. Diese Thesen weisen in die Zukunft, doch der Grundstein alles Künftigen muß in der Gegenwart gelegt werden:

Der Mann stellt der Frau keine Falle mehr.
Die Frau stellt dem Mann keine Falle mehr.
Der Mann muß nicht mehr lügen.
Die Frau entfernt sich nicht mehr vom Mann.
Der Mann fühlt sich nicht mehr verloren.
Die Frau liebt den Mann ganzheitlich.
Der Mann liebt die Frau ganzheitlich.
Die Frau will mit dem Mann zusammensein und sich weiterentwickeln.
Der Mann will mit der Frau zusammensein und sich weiterentwickeln.
Der Mann verliert seine Chancenlosigkeit.
Die Frau fördert die eigenständige Identität des Mannes.
Der Mann ist Mensch geworden.
Die Frau verläßt den Mann nicht mehr.

Der Mann ist nicht länger ein Verlassener, und seine Aussichten sind gut, da an Stelle des Kampfes der Geschlechter die Liebe zwischen den Geschlechtern getreten ist. Frau und Mann leben in der Einheit von Liebe, Freiheit und Frieden.

Ausgewählte Initiativen, Arbeitskreise, Beratungsstellen zum Thema Trennung und Scheidung

Arbeitskreis Humane Scheidung
Verein zur Beratung bei Partner- und Familienkrisen, Trennung und Scheidung e.V.
Roseggerweg 3
83024 Rosenheim
Tel.: 08031/45848

Arbeitskreis Partnerschaftskrise, Trennung, Scheidung e.V.
Eschersheimer Landstr. 531
60431 Frankfurt/M.
Tel.: 069/620604

Deutsches Familienrechtsforum e.V.
Haußmannstr. 6
70188 Stuttgart
Tel.: 0711/233399 und 2623556

Familien-Notruf München
Pestalozzistr. 46
80469 München
Tel.: 089/269194

Institut für Familien in Konfliktsituationen e.V.
Viktoria-Luisen-Str. 9
66740 Saarlouis
Tel.: 06831/43666

TRIALOG
von Vinkestr. 6
48143 Münster
Tel.: 0251/511414

Vertrauensstelle für Ehe-, Partnerschafts- und Trennungsberatung
Winterhuder Weg 31
22085 Hamburg
Tel.: 0 40/29 84 34 53

Fast alle Städte haben mittlerweile Psychosoziale Beratungsstellen eingerichtet. Außerdem können Sie sich an Pro Familia, die Arbeiterwohlfahrt, die Caritas oder die Telefonseelsorge wenden.

Informationsmaterialien zum Thema Trennung und Scheidung aus den Bundesministerien

Bundesministerium der Justiz
Referat für Presse- und Öffentlichkeitsarbeit
Postfach 20 03 65
53113 Bonn

1. »Das elterliche Sorgerecht«
2. »Ehe- und Familienrecht«

Bundesministerium für Frauen und Jugend
Referat für Presse- und Öffentlichkeitsarbeit
Postfach 20 02 20
53132 Bonn

»Das neue Kinder- und Jugendhilfegesetz«

Deutsche Arbeitsgemeinschaft für Jugend- und Eheberatung e. V. (DAJEB)
Münchner Str. 20
85774 Unterföhring

»Eltern bleiben Eltern«

Anmerkungen

1 Ernest Borneman: Ausgewählte Texte, hrsg. v. H. C. Meiser, © 1990 Goldmann Verlag, München
2 Henrik Ibsen: Nora, Ein Puppenheim, hrsg. u. üb. Angelika Gundlach, © 1978 Insel Verlag, Frankfurt/M.
3 ders.
4 Horst Petri: Verlassen und verlassen werden, © 1991 Kreuz Verlag AG, Zürich.
5 Ibsen, ebd.
6 Ekkehard Kloehn: Typisch weiblich? Typisch männlich? © 1979 Hoffmann & Campe Verlag, Hamburg.
7 ders.
8 Sobota, W. L., Cappas, A. Th.: Semantic Differential Changes Associated with Participation in a Public Lecture Series Describing the Emotional and Behavioral Consequences of Divorce, in: Journal of Divorce 3, 1979, 137–151.
9 Thiessen, J. D., Avery, A. W. & Joanning, H.: Faciliating Post Divorce Adjustment among Women: A Communication Skills Training Approach, in: Journal of Divorce 4, 1980, 35–44.
10 Kessler, S.: Building Skills in Divorce Adjustment Groups, in: Journal of Divorce 2 (2), 1978, 209–216.
11 Henry, C. J.: The Effects of a Structured Group Treatment on Selfesteem and Depression of Divorces/Separated Persons, unveröffentlichte Dissertation, University of Washington, 1981, zitiert nach: Salts, C. J.: Group Therapy for divorced Adults, in: Textor, M. (Ed.): The Divorce and Divorce Therapy Handbook, Northvale 1989, 285–300.
12 Fisher, B. F.: Identifying and Meeting Needs of Formerly Married People through a Divorce Adjustment Seminar, unveröffentlichte Dissertation, University of Northern Colorado, 1976, zitiert nach: Storm, Ch. L., Sprenkle, D., Williamson, W.: Innovative Divorce Approaches Developed by Counselors, Mediators and Educators, in: Levant, R. F. (Ed.): Psychoeducational Approaches to Family Therapy and Counseling, New York 1986.

13 Siewert, H. H.: Scheidung, Wege zur Bewältigung, München 1983.
14 Roswitha Burgard: Eisenhans, in: Psychologie Heute 7/91.
15 Ernest Borneman, ebd.
16 ders. Ullstein Enzyklopädie der Sexualität, © 1990 Ullstein Verlag, Frankfurt/M.
17 Stephan Lermer, Hans C. Meiser: Lebensabschnittspartner – Die neue Form der Zweisamkeit. 1991 Krüger Verlag, Frankfurt/M.

Claudia Bepko/Jo-Ann Krestan
Das Superfrauen-Syndrom
Vom weiblichen Zwang, es allen recht zu machen
Ratgeber Fischer

Herbert Freudenberger/Gail North
Burn-out bei Frauen
Über das Gefühl des Ausgebranntseins
Ratgeber Fischer

L. Janda/E. MacCormick
Der zweite Versuch
Chancen und Fallen einer neuen Ehe
Ratgeber Fischer

Ratgeber: Leben mit Kindern

Eine Auswahl

Gerhard Amendt
Das Leben unerwünschter Kinder
Band 11079

E. von Braunmühl
Zeit für Kinder
Band 6705

Ingeborg Bruns
Das wiedergeschenkte Leben
Tagebuch über die Leukämieerkrankung eines Kindes
Band 3247

Katharina Dalton
Mütter nach der Geburt
Wege aus der Depression
Band 10955

Martin Dornes
Der kompetente Säugling
Die präverbale Entwicklung des Menschen
Band 11263

Petra Dreyer
Ungeliebtes Wunschkind
Eine Mutter lernt, ihr behindertes Kind anzunehmen
Band 3252

Mechthild Firnhaber
Legasthenie
Wie Eltern und Lehrer helfen können
Band 3539

M.Grabrucker
»Typisch Mädchen...«
Prägung in den ersten drei Lebensjahren. Band 3770

Martin Greenberg
Ein Vater wird geboren
Die Entfaltung einer Vater-Kind-Beziehung. Band 10840

Christine Hofmann
Stunden, die zählen
Ein Kind findet ein Zuhause
Band 3296

Eugen E. Jungjohann
Kinder, klagen an
Leben mit Angst, Leid und Gewalt
Band 10747

Fischer Taschenbuch Verlag

fi 8 / 18 a

Wilhelm Johnen

Die Angst des Mannes vor der starken Frau

Einsichten in Männerseelen

Band 12269

Männer haben vielerlei Ängste. Diese Ängste werden geleugnet, kaschiert und verdrängt, denn sie widersprechen immer noch dem sozialen Anspruch an Männlichkeit. Es besteht eine Verbindung zwischen der Stärke der Frauen (die immer vorhanden war, die sich heute aber deutlicher zeigt) und den zunehmenden Ängsten von Männern. Das Buch zeigt, woraus die ›Stärke‹ der Frauen resultiert, und daß die Ängste der Männer große Hindernisse bilden auf dem Weg zu gleichberechtigten Partnerschaften. Ein unsicherer Mann braucht die Unterlegenheit der Frau, um seinen versteckten Selbstzweifeln zu entkommen. Hört eine Frau auf, dem Mann Signale ihrer Unterwerfung zu übermitteln, erlebt er dies als Liebesentzug - und ihm bleiben nur noch Flucht oder Aggression. Durch den Verfall typisch männlicher Werte wie Macht und Aggression in unserer Gesellschaft, die zunehmend ersetzt werden durch eher weibliche wie Kooperation und Kommunikation, entsteht bei Männern nicht nur Verunsicherung, sondern auch eine immer weniger verdeckte Rivalität zwischen den Geschlechtern.

Fischer Taschenbuch Verlag

fi 805 / 4

Joan Shapiro

Männer sind wie fremde Länder

Verständigungshilfen für Frauen

Band 12273

Trotz Frauenbewegung und größerem weiblichen Selbstbewußtsein ist eines gleich geblieben: Frauen versuchen immer noch, Männer besser zu verstehen. Und das ist schwierig, weil *Männer wie fremde Länder sind.* Die andere Sozialisation, einseitig ausgerichtet auf Selbstbehauptung, Erfolg und Macht schafft einen tiefen Graben zwischen männlicher und weiblicher Gefühlswelt: Frauen leben mit ihren Gefühlen, aber ein »richtiger« Mann darf sich nicht auf Gefühle einlassen, weil dann sein sorgsam auf Unverwundbarkeit ausgerichtetes System gefährdet wäre. Um ihre Emotionalität wirkungsvoll zu beherrschen, geben Männer ihrem Leben feste Strukturen, Regelmäßigkeiten, sich immer wiederholende Muster. Alles muß seine Ordnung haben, nach bestimmten Regeln ablaufen. Ein Raster, zwar mit variierenden Mustern, aber im Groben bei allen Männern ähnlich ausgebildet. Werden diese Strukturen von Frauen in Frage gestellt, und werden Männer dadurch mit Ansprüchen und Gefühlen konfrontiert, ziehen sie sich in einen tranceähnlichen Zustand zurück, in dem sie weder ansprechbar noch erreichbar sind. Dieser Zustand, über Jahre eingeübt, schützt sie davor, auf Gefühle zu reagieren oder sich mit ihnen auseinanderzusetzen.

Fischer Taschenbuch Verlag

fi 810 / 4